JN145026

学びなおすと倫理はおもしろい

村中和之
Muranaka Kazuyuki

◎カバー装画＝森豊

はじめに

　この本は、哲学について興味はあるが、難しい専門書には手が出せない、という人のために書きました。

　書店には、哲学史について知識ゼロでもすらすら読むことのできる「人生哲学」のような本が並んでいます。筆者はその意義を否定するつもりはありませんが、それでは物足りない、著名な哲学者たちが人生をかけて考え抜いたことをもっと知りたい、という方も多いことでしょう。

　とはいえ、古典的な哲学書の翻訳や、学術的な研究を踏まえた専門書などの多くは、はっきり言ってとても難しいです。それらを読むためには、特殊な概念や思考の枠組みなどを身につけておく必要があり、あらかじめかなりの時間をかけて基礎的訓練をしなくてはならないのです。忙しい日常を過ごしている多くの人にとっては、そんな修行めいたことから始めるわけにはいかない、というのが実情でしょう。

　そこで本書は、そうした人たちにも西洋哲学を味わっていただけるよう、難解な概念を極力用いずに、また必要な場合にはそれを日常語で説明し直しつつ、西洋哲学史の主要な人物たちの思想を追体験できるように描きました。高校生程度の読解力があれば、十分に理解できることでしょう。

「高校生程度」と述べたことには理由があります。筆者は大学受験予備校で「倫理」や「政治・経済」などを教えています。大学院で哲学を研究していた頃には、「易しいことを難しく語る」という奇妙な作法も学びましたが、高校生や浪人生を相手にそうしたハッタリはいっさい効きません。理解できるように説明できるかできないか、それだけです。だから、難解な思想であっても、それを普通の高校生に「なるほど」と納得してもらえるにはどう説明すればいいのか、ということを模索し続けてきました。本書は、そうした経験をもとに、前提的知識がなくとも難解な思想の本質について納得してもらえるように書いたものです。

ところで、私はこれまでに学んできた一つの結論として、いやしくも偉大な思想家とされる人は、例外なく、私たちに深く関わる問題について熟慮してきたのだ、と考えています。つまり、彼らの思想的営為は私たちにとって他人事ではないのです（私たちに無関係な営みなのだとしたら、それを学ぶことにどのような意義があるというのでしょうか）。だから、彼らの思想が博物館の展示物のようなものではなく、私たち自身の問題を私たち一人ひとりに語りかけてくれているものであるということを、できるだけ示すように心がけました。

さあ、どうぞ西洋哲学の歴史を味わってみてください。

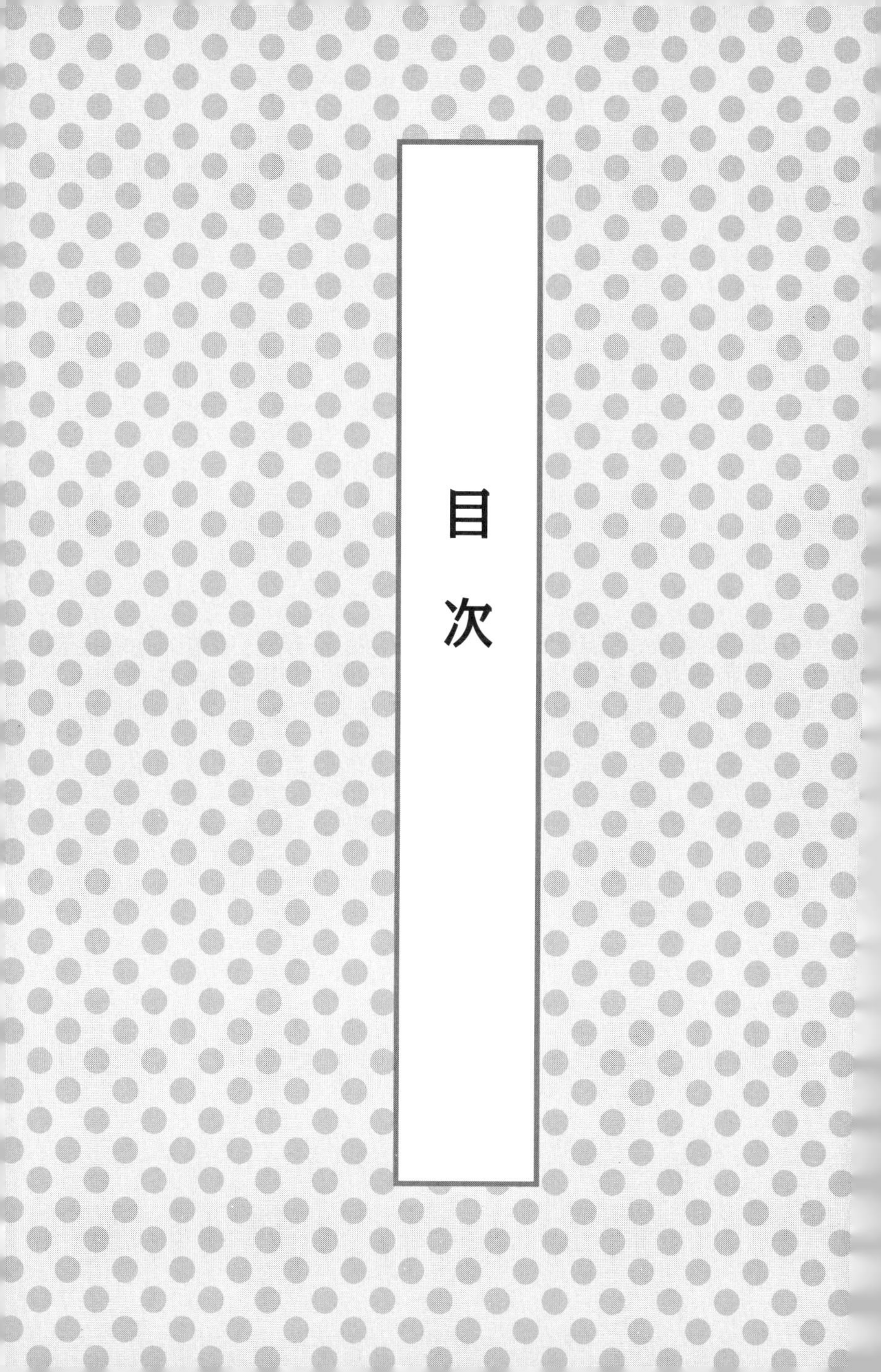

目次

第1章「よく生きる」ってどういうこと？
【ソクラテス】

ソクラテス（BC469頃‐BC399）（図1）と言えば「哲学者」の代名詞のような存在として知られていますが、まさにそのとおり、ソクラテスは絵に描いたような哲学者でした。それどころか、ソクラテスに似た人物が「哲学者」と呼ばれる、と言っても過言ではありません。それほどまでにソクラテスは典型的な哲学者だったのです。

なぜそこまで言えるかというと、第一に、**ソクラテスこそが「哲学」という言葉を生み出した人物だったからです**。「哲学」を意味する〝Philosophy〟とは、もともと「知恵（Sophia）を愛する（Philein）」というギリシア語に由来しており、ソクラテスがみずからの立場を表す語として使い始めたものなのです。ソクラテスが

図1　ソクラテス

「愛知」の学＝哲学という表現において何を言いたかったのかという点についてはまたあとで説明するとしましょう。いずれにせよ、「愛知」としての哲学は、たしかにソクラテスによって生み出されたのです。

ソクラテスが真の哲学者であると言える第二の事情は、彼が真理をあくまで追究し、**真理に殉じた最初の哲学者**であると考えられているからです。思想を語る人は昔もいまも大勢（過剰なほどに）いますが、そのために命をかけられる人は決して多くありません。ソクラテスはみずからの思想を貫いた本物の哲学者でした。その点で、ソクラテスは思想史において、十字架上で死んだイエスにも比せられる重要性をもっているのです。

ソクラテスの説いた教えは、つまるところ「**よく生きよ**」という一点に集約することができます。ソクラテスがこの教えに込めた思いと、その現代的意義について考えてみましょう。

回ソクラテスの生涯

決定的に重要な古代の思想家には、いっさい著作を残していない人物が少なくありません。仏教の開祖である**ゴータマ・シッダッタ**（**仏陀**）、儒教の開祖である**孔子**、キリスト教の**イエス**らがその典型です。ソクラテスもそうした思想家の一人でした。

けれども幸いなことに、ソクラテスはずば抜けた知性と文才を備えた弟子をもっていました。**プラトン**（BC427－BC347）です。私たちは、プラトンの伝承を通してソクラテスの思想を知ることができるのです。ところがゴータマらの場合とは違い、ソクラテスのこの弟子は、師と同等か、もしかするとそれ以上の知性をもっていました。とくにその文学的才能は天才的と言うほかなく、プラトンによって活き活きと描写されたソクラテス像は、どこまでが本当のソクラテスで、どこからがプラトンによる創作なのか、よくわからなくなってしまっています（**ソクラテス問題**）。

とはいうものの、プラトンの兄弟子に当たるクセノポンや、ソクラテスと同時代の詩人アリストパネスの証言などからも、ソクラテスの生涯と発言は、ある程度わかっています。

ソクラテスは紀元前5世紀のアテナイ（アテネ）で活躍した哲学者です。当時のアテナイは著名な政治家ペリクレスの指導する時代で、アテナイの絶頂期でした。でも当時のアテナイが絶頂期だったということは、国運が傾き始める転機でもあったということでもあり、実際、アテナイはスパルタなどとのペロポネソス戦争で疲弊（ひへい）し、指導者ペリクレスも病没し、ついに降伏してしまいます。このような困難な時代にあって、ソクラテスは純粋に真理を追究し、名だたる賢人たちを片っぱしから論破してその無知を暴露して回っていました。こうした態度によって、ソクラテスは（当然ながら）有力者たちを苛立（いらだ）たせ、その怒りの矛先（ほこさき）となってしまい、ついに根拠の怪しい裁判に基づいて刑死しています。

これがおおよそのソクラテスの生涯です。

回魂への配慮

ソクラテスの思想は多岐にわたりますが、最大のキーワードはずばり「**魂への配慮**」です。これはきわめて含蓄の深い概念なのですが、その趣旨は、つまるところ「**よく生きよ**」という教えにほかなりません。

順に説明していきましょう。

ソクラテスによると、あらゆるものには**アレテー**があります。ギリシア語の「アレテー」は一般に「徳」と訳されますが、原語のニュアンスは「卓越性」「優秀性」といったところです。つまり、あるものがその本性において優れているさまを表しています。したがって、アレテーは人間だけがもっているものではありません。たとえばナイフのアレテーは「よく切れること」、馬のアレテーは「速く走れること」などといった具合です。

では人間におけるアレテーは何でしょうか。ソクラテスは、これを「**魂を善いものにすること**」であると考えました。魂を善いものにするとは、要するに「よく生きること」なのです。ソクラテスは、次のように述べています。

一番大切なことは単に生きることではなく、善く生きることである。

（プラトン著、久保勉訳『クリトン』岩波文庫、74頁）

なぜこのようなことがわざわざ言われなければならなかったのでしょうか？

それは、ソクラテスの時代に「善く生きる」、つまり魂を磨き上げるということが蔑ろにされていたからにほかなりません。先ほども触れたとおり、ソクラテスの時代のアテナイは、ペロポネソス戦争に敗れて政治的にも思想的にも大いに混乱していました。世界に冠たる民主国家が戦争に敗れたという点で、当時のアテナイはちょうどベトナム戦争後のアメリカのような時代状況だったと言えるでしょう。つまり、ソクラテスは歴史の進歩と真理への確信が揺らぐ**相対主義の時代**を生きていたのです。

ところで、相対主義には明らかな長所があります。食べ物や異性についての好みが人それぞれであるのと同様に、正義についての見方も人それぞれです。その場合にただ一つの「正義」が全社会に押しつけられたらどうなるでしょうか。それは明らかに自由への抑圧です。民主社会とは、そうした独善的な「正義」の押しつけを許さず、正義や価値観についての多様な見方を許容する社会です。価値についての相対主義は、人々の自由を保障するために欠かせないものなのです。

とはいえ、相対主義にはもちろん弱点もあります。たとえば異教徒を集団殺戮したり子どもを奴隷として売買したりするようなこと（今日でも残念ながら行なわれています）は、断じて許されません。ところが相対主義の立場では、こうしたことを断罪するのが難しくなってしまうのです。なにせ、絶対的な正義はないということなのですから。

そんなわけで、**ソクラテスは相対主義を断固としてしりぞけました。**ソクラテスは真理が客観的で絶対的なものであることを深く確信していたのです。

ところがソクラテスの時代、つまり混乱期のアテナイでは、真理の客観的な基準が存在するということを否定する相対主義者が強い影響力をもっていました。「**ソフィスト**」と呼ばれる人々です。ソフィストとは弁論術などを有償で教えていた職業的教師のことです。

民主社会では昔もいまも、人々を説得する技術がきわめて重要です。いくら志が高く恵まれた知性をもっている指導者であったとしても、民衆からの支持を調達できないようでは、また政敵を効果的に論破する弁舌を持ち合わせていないようでは、民主社会の政治家としては一流と言えません。したがって、民主主義の母国である当時のアテナイで、そうした弁論の技術を教えるソフィストが求められたのは当然と言えましょう。

けれども、もちろん弁論の技術だけでよい政治が実現するわけではありません。こうしたテクニックは、それ自体としては必要なものであるにせよ、そればかりが追求されるようになると、「黒を白と言いくるめる」式の**詭弁**(きべん)が横行しかねません。

もともと「ソフィスト」とは「知恵(ソフィア)をもつ人」つまり「知者」を意味していましたが、いつしか「詭弁を弄(ろう)する者(詭弁家)」として皮肉られる存在になってしまっていたのです。そんな状況にあって、毅然として相対主義をしりぞけ、人はあくまで真理を目指し、真理に生きるべきだと説いたのがソクラテスにほかなりません。

でもそうはいっても、どうすれば肝心の「真理」に辿り着けるというのでしょうか？　ソクラテス自身は真理を知っていたというのでしょうか？

（プラトンの紹介する）ソクラテス自身の述懐によれば、彼は当初から自分が無知であることを確信していた、とのことです。いささか眉唾ものではありますが、いずれにせよ、彼は多くの自称「賢者」（＝ソフィスト）たちと対話を積み重ねた結果、一つの結論に至りました。すなわち、彼らは肝心のことについては何もわかっておらず、知ったかぶりをしているばかりであったということです。だから私（ソクラテス）もソフィストたちもみな無知なのだが、私は自分が無知であることを自覚している。まずはこのこと（**無知の知**）が大事なのではあるまいか、と。

もちろんソクラテスは、無知であると開き直れ、と論じたのではありません。そのような知的なシニシズムとは正反対に、無知であるからこそ**知を探究することが重要**であると強く訴えたのです。

つまり、ソフィストたちは自分たちがすでに知を所有している（つまり「知者」である）と驕り高ぶっていたわけですが、ソクラテスは自分が無知であることを公然と認め、それでもなお、否、だからこそ知を探究したのです。これこそが知者（ソフィスト）ならぬ「愛知者」の姿勢にほかなりません。

ソクラテスによれば、魂を善くするためには知が欠かせず、謙虚にこれを追い求めることが何より重んじられたのです。

回真理は実践されなければならない

ところで、ソクラテスが知を追い求めたのは、単なる知的好奇心からではありませんでした。それは真理を認識するということが、善の実践、ひいては「よく生きる」ということに不可欠だと考えられたからにほかなりません。ソクラテスによれば、**何が善であるかを認識できれば、おのずと善は実践されることになる**のです。

でも、本当にそうでしょうか。「やってはいけないと知りつつ、ついついやってしまう」などということは、みなさんも身に覚えがあろうかと思います。喫煙とか、夜更かしとか、暴飲暴食とか。またその逆に、なすべきであると思っているにもかかわらず、なかなか実行できない、ということも、誰しも経験することでしょう。たとえば酔っぱらいが電車で他の客に絡んでいた場合に、何とかすべきだと思いつつも、「非力な自分が介入しても事態を悪化させるばかりだ」などと心のなかでもっともらしい言い訳をして、結局見なかったフリをするというように。

ところがソクラテスによると、このように善の実践がなされない場合には、善について本当の意味で「知っている」とは言えない、とされてしまいます。つまり、**真理を知るということは、それを実践できるということを含んでいなければならない**のです。したがって、「わかっちゃいるけど……」といった言い訳をする人は、実際には「わかっていない」のです。このソクラテスの立場は**知行合一**（ちこうごういつ）と呼ばれます。

いかがでしょうか？

ソクラテスの言い分もわかるが、これは「知る」ということをあまりに厳格に捉えすぎではないか……というのが、多くの人の感想ではないでしょうか。私も同感です。

たとえば私たちは、なすべきことをしなかったときに、深く後悔します。いったいなぜ後悔するのでしょうか？　それは、なすべきことを知っていたにもかかわらず、実行しなかったからでしょう。パチンコに行けば時間もお金も無駄になるとわかっていたはずなのに、誘惑に負けて行ってしまった、といった場合に後悔するのです。自分の運転する自動車が追突されてしまった場合のように、自分でコントロールできない不幸については、落胆したり腹を立てたりすることはあっても、後悔はしないでしょう。「ああしておくべきだった」と後悔すべき対象が存在しないのですから。

つまり私たちは、現実問題として、なすべきことを知っているにもかかわらず、実行しないことがあるのです。何かを後悔したり、良心の呵責（かしゃく）を感じたりすることがあるのは、そのためです。

もっとも、私たちの常識とソクラテスの考え方の食い違いは、つまるところ「知る」という語の定義の問題かもしれません。ソクラテスはここに「善を実践できる」という内容が含まれると考え、常識はこれが含まれないと考えるのです。

いずれにせよ、**ソクラテスが知についてきわめて真摯(しんし)であった**ことは疑いありません。世間には、口ばかり達者で言行不一致な者が少なくありません。ソクラテスの知行合一論は、こうした不誠実さを糾弾し、人間が目指すべき徳の高みを、人々に改めて教えているのです。どれほどもっともらしいことを言い募(つの)ることができたとしても、それが「よく生きる」ということを可能にしないのであれば、そうした知には何の価値もない、と。

では、ソクラテス自身はどんな生き方をしたというのでしょうか? **ソクラテスは、その死に際して、まさに人類の模範としての姿を見せた**のです。ソクラテスの生き方と死に様については、次節で見ていくとしましょう。

回 ソクラテスの死

すでに触れたとおり、ソクラテスは裁判によって刑死に追いやられました。いったいなぜ彼は裁判にかけられたのでしょうか。

伝えられるところによると、ソクラテスの罪状は、国家の神々を信ぜず、若者たちを堕落(だらく)させた、というものです。

どうやらこのソクラテス裁判の背景には、当時のアテナイにおける政治的混乱があったようです。とくにソクラテスの弟子であった司令官アルキビアデスが敵国スパルタに亡命し、ペロポネソス戦争でアテナイを敗北させてしまったということは、ソクラテスを政治的にきわめて難しい立場に追いやりました。

そうでなくとも、ソクラテスは「対話」の名のもとに有力者たちを端から論破し、赤っ恥をかかせて歩いていたわけです。彼を憎む多くの人々は、ソクラテスを陥(おとしい)れる口実をつねに探していたに違いありません。ソクラテスに不利な政治状況を格好の機会として、とにかく裁判にかけてしまえばソクラテスを葬り去ることができると考えたのでしょう。ソクラテスはこうした状況下での裁判で有罪とされ、死刑判決を下されてしまったのです。

ところで、この時代の刑事司法制度は、まだそれほど厳格なものではありませんでした。だから、その気になれば容易に脱獄できたようです。ソクラテスの友人や弟子たちもさっそく脱獄の手はずを整え、脱獄するようソクラテスを説得にかかりました。

ところが**ソクラテスは、驚くことに弟子たちを逆に説得し、自分がなぜここで死ななければならないかを論証しようとした**のです。

もしここでソクラテスが、「渡りに船」とばかりに弟子とともにスパルタあたりに亡命していれば、ソクラテスが不滅の哲学者となることはなかったでしょう。不肖の弟子であったアルキビアデスばかりでなく、孫弟子に当たるアリストテレスも、アテナイで政治的立場が危うくなった際には、さっさとアテナイから逃げ去っています。でもソクラテスは逃げませんでした。

そして大切なのは、ソクラテスが死刑を受け入れた理由です。

しばしばソクラテスは「**悪法も法なり**」と述べて毒杯を仰いだ、などと説明されます。しかし少なくとも、ソクラテスが「悪法も法なり」といった言葉を残したという証拠はありません。それもそのはず、**ソクラテスがそのようなことを言うはずはない**のです。なぜなら、ソクラテスは生涯を真理の探究に捧げた人物であり、またいったん知った真理は何があろうと実践せねばならないという信念をもった哲学者でした。だから法である以上、正しくないものであっても服従しなければならない、などという発想は、どこをどう探してもソクラテスのなかに見つけられるはずがないのです。

ではなぜソクラテスは死刑判決を受け入れたのでしょうか？

ソクラテスは脱獄・逃亡を勧める友人に対してこんなことを言っています。

> まあこんなふうに考えて見たまえ。ここから逃亡しようと――といっても何といってもかまわないが――している僕達のところへ、国法と国家とがやって来て、僕達に近寄って

こう訊いたとして見るのだね、「ソクラテスよ、まあ一ついってくれ、いったいお前は何をしようとしているのだ。お前は、お前がしようとしている行動によって、われわれ法律と国家組織の全体とを、お前の力の及ぶかぎり、破壊するというちょうどそのことを企図しているのではないかね。それともお前は、一度下された決定が何の実行力もなく、私人によって無効にされ破棄されるようなことがあっても、なおその国家は存立して顚覆を免れることができると思っているのか」と。クリトンよ、僕達はこれに対して、またその他この種の問に対して、何と答えたものだろうか。

（プラトン、前掲書、78－79頁）

ソクラテスは祖国アテナイを誰よりも愛していました（彼は3度も志願して祖国のために従軍しています）。そして彼は民主政アテナイにおいてロゴス（言論）の力によって人々に倦まずたゆまず持論を説き続けました。そのようなソクラテスにとって、みずからを育ててくれた祖国とその国法が尊ばれるべきだというのは自明の理でした。したがって、祖国が敬われ国法が遵守されることを誰よりも望むソクラテスにとって、この期に及んで国法を破り脱獄することにより祖国とその国法の権威を傷つけるなどということは、まったく考えることもできませんでした。

ソクラテスの哲学にとって、いかなる場合であっても不正は決して許されません。だとすれば、ソクラテスへの死刑判決が不当なものであったとしても（ソクラテスはそう確信しています）、**不正に対して不正（＝脱獄）で報いることは許されない**のです。

もしその気になればソクラテスはいつでも国を出ることが可能でしたし、裁判の際にも追放を受け入れるという選択肢がありました。けれども彼はそれをしなかったのです。その彼がまさに死刑という段になって、祖国による命令に背くようなことをするならば、それは祖国への裏切りであるばかりでなく、真理に忠実であるという彼自身の根本哲学への裏切りにほかなりません。

「大切なのは、ただ生きるということではなく、よく生きることである」というすでに紹介した言葉は、じつは脱獄を勧める友人クリトンに対して、自分が死ぬ必要性を訴える文脈で述べられたものだったのです。この局面におけるソクラテスにとって、「よく生きる」とはみずからの哲学的信念を貫いて死を受け入れることにほかなりませんでした。

ソクラテスの哲学の深さと重さを悟ってうなだれる弟子たちに対し、自分がこれから赴くであろう天を指して昂然（こうぜん）としているソクラテスの姿の何と神々しいことでしょう（図2）。

まとめ

もしかしたら、筆者はソクラテスを美化しすぎてしまったかもしれません。実際のソクラテスはもっと臆病で、詭弁を弄して人々を迷わせるばかりの人物だったのかもしれません（同時代の喜劇作家アリストパネスはそのように描いています）。けれども、下図のダヴィッドによるソクラテス像を含めて、ソクラテスは歴史的に理想的な哲人としてイメージされてきました。それがプラトンらによって理想化され神格化されたソクラテスの「伝説」にすぎないとしても、また私たち凡庸な人間がソクラテスという一人の人物にあるべき人間の理想像を投影しているにすぎないのだとしても、私たちはそうした「神話的」なソクラテスによって自分の生き方を正す機会を与えられるのであり、どのみち決してソクラテスその人に会うことのできない今日の私たちにとっては、そうした哲人ソクラテスこそが真実のソクラテスなのです。

図2　ダヴィッド作「ソクラテスの死」

◎無知の自覚のもとに真理を探究しなければならない。
◎真理は実践されなければならない。
◎不正を受けても、不正で報いてはならない。

第2章 存在とは何か【プラトンとアリストテレス】

世の中には、存在の疑わしいものがたくさんあります。

でも、あなたがいままさに読んでいるこの『学びなおすと倫理はおもしろい』という本が実際に存在するということ、これは疑いなさそうですよね。いま筆者は机に座ってパソコンのキーボードを叩いていますが、この机やパソコンの実在性も間違いなさそうに思われます（これらが実在しないのだとすれば、私はいったい何をしているというのでしょうか？）。どうやら私たちは、目に見えて手に取ることのできる**物体**については、その存在を確実だとみなす癖があるようです。

では目に見えないものはどうでしょうか。

たとえば「電気」や「力」や「エネルギー」などは本当に存在しているのでしょうか。やはり実在していると思う人がほとんどでしょう。自然科学もこれらの**理論的存在**を前提としています。けれどもそれらは見ることも触ることもできません。エネルギーなどの理論的存在が「存在」すると言うのと、空間に位置をもつ物体・物質が「存在」すると言うのでは、微妙に意味が異なるように感じる人も多いことでしょう。

これと似ているのが「愛」や「心」などの**精神的存在**です。少年時代の美しい「思い出」や、彼に対する抑えがたい「憤り」などは目に見えるものではなく、また物理学の対象にもならないものですが、やはり何かしらの意味で存在していることは疑い得ないように思われます。

また、「国家」や「法律」や「人権」や「ＡＫＢ48」といった**社会的存在**などはどうなるのでしょうか。多くの人は、これらの実在性も肯定することでしょう。けれどもそれらがどのような意味で存在するのかと問われると、物体ほど素朴に説明することはできなくなってしまいます。

ここまでの簡単な考察でわかるのは、**私たちは非物体的な存在を広く認めている**ということです。

だとすれば、「幽霊」やら「超能力」などはどうなのでしょうか？　こうしたものも認めてよいのでしょうか？　そんなことはないでしょう。なにせ、これらの存在は科学によって検証できないのですから。でもそれを言うなら、「愛」や「人権」の存在だって、科学によって検証することはできません。つまり**科学で検証されるものだけが存在すると言えるわけではない**のです。

その点でとくに問題になるのは、「神」の存在です。これは原理的に科学では決して検証できないものですが、世界的には非常に多くの人が信じています。それどころか、世界中に多くの信者をもつキリスト教やイスラームにとっては、神こそが唯一絶対の存在であり、眼前の机などよりもはるかに確実に存在しているのです。地上の世界は確固たる実在であるどころか、神の意のままに操られる不確実な被造物でしかないのです。

仏教でも事情は似ていて、仏教では、あらゆるモノが実体をもたない幻のようなものであるとされています。つまり**多くの宗教において、科学の対象となるものは本当の意味では存在しないとみなされている**のです。

さて、前置きが長くなりましたが、本章のテーマは「**存在**」です。

私たちは机や椅子のような物質的存在こそが確実な典型的存在物と考えがちですが、これは近代科学の枠組みにおいて成立する一つの存在論にすぎません。しかもこの存在論は、「国家」や「人権」、それに「真理」といった重要概念の存在についてすらまともに語れないわけですから、その点では、いっさい（机や電気や人権など）はすべて神によって創造されたとするキリスト教的な存在論のほうが、むしろ一貫しています。仏教的な存在論もまた一貫性という点では非常に優れています。

でもこうした宗教的見方には同意できない、納得できない、という人も多いことでしょう。というわけで、**本当に存在するものは何か**というテーマは、古代以来、哲学上の大問題であり続けているのです。本章では、このテーマについて深く探究した古代ギリシアの**プラトン**

とアリストテレスについて検討してみましょう。

回プラトンの存在論

プラトン（ＢＣ４２７頃－ＢＣ３４７）（図３）はその著作のほとんどを対話形式で書きました。そしてその対話篇の大部分は、一方の当事者つまり主人公がソクラテスとなっています。とはいうものの、もちろんプラトンが師とのやりとりをすべて記録していたはずはありませんから、そこに描かれているソクラテスは、――プラトン初期の著作『ソクラテスの弁明』などを除けば――ソクラテスについての記録であるというよりもプラトンの創作に近く、要するにソクラテスに投影されたプラトンの思想であろうと考えられています。

では、そのプラトンの存在論について順に見ていきましょう。

プラトンの主著『国家』では、ソクラテスたちが「**美とは何か**」という興味深いテーマについて議論を交わしています。果たして美とは何でしょ

図3　プラトン

うか？　これは考えれば考えるほど難しいテーマです。

問題があまりに抽象的なので、少し具体的に考えてみましょう。

たとえば「美しい絵」とは何でしょうか？　どのような絵が「美しい」と言われる資格をもつのでしょうか？　小学校の美術の課題であれば、「実物」に似ている写実的な作品がよい評価を受けるかもしれません。でもそれだったら写真は絵より美しいのでしょうか。そんなことはないでしょう。同じ素材をプロの画家が描写するのと、私がスマホでパシャリと撮るのとでは、断然前者のほうが美しいに違いありません。１９６０年代以降には「スーパーリアリズム」などと呼ばれる画風（図４）が登場して話題になりましたが、これはある種の「曲芸」として評価されているわけで、一般に「芸術的」とは言われません。芸術的に「美しい」と

図4　John Baeder 作「John's Diner with John's Chevelle」2007

言われるのは、印象派であったり、キュビズムであったり、ともかく**人々の魂を奪う何か**が込められている作品なのです。

けれども、「美」は本当に作品のどこかしらに宿っているようなものなのでしょうか？　絵画だけでなく音楽や文学などについても、また茶道やフィギュアスケートなどにおける身体的所作についても、さらに個人の容貌や風景などについても「美しさ」が語られますが、こうした**様々な「美しいもの」に共通する美の本質**などというものが果たして存在するのでしょうか？

芸術家や哲学者たちはこの難問に大昔から頭を悩ませてきましたが、プラトンは自信満々に「イエス」と答えています。すなわち、個々の美しいものが「美しい」と言われるのは、それらが目に見えない「**美のイデア**」を分有している（分かちもっている）からだ、というのです。

プラトンのこの議論に素直に同意できる人は決して多くないでしょう。誰も確認できない抽象概念でものごとを説明してしまっているからです。とはいうものの、じつは私たちも似たような考え方を常識として受け入れているのです。

たとえば「野菜」について考えてみましょう。言うまでもなく、「野菜」そのもの（野菜のイデア？）がどこかにゴロリと転がっているなどということはありません。八百屋で「ブロッコリーをください」と言うことはできますが、「野菜それ自体をください」などと言ったら、悪くすると店主に怒鳴られてしまうことでしょう。けれども、私たちはたしかに「野菜」が何かしらのレベルで存在することを確信しています（だからこそ、私たちは野菜について語ることができるのです）。個々のトマトや白菜が野菜であるのは、それらに野菜としての本質が「宿っている」からであり、また豚肉や鉄鉱石が野菜でないのは、それらに野菜としての本質が「宿っていない」からだと漠然と考えているのです。美のイデアについてのプラトンの主張とそっくりではありませんか。**私たちの常識は、目に見えない抽象概念の存在を信じるという点でプラトン主義的と言える**のです。

プラトンの言うイデアは、もちろん「美のイデア」だけではありません。この世界における目に見えるもの（**現象**）は、すべて目に見えない**イデア**を分有している、とされます。

では、そもそもイデアとはいったい何なのでしょうか？　**イデアとは、時空を超えた事物の本質のこと**です。

個々の美しい絵や美人が「美しい」と言われるのは、それらが「美のイデア」を分有しているからであり、ミケやタマなどの個々の猫がみな「猫」と言われるのは、彼らが「猫のイデア」を分有しているから、というわけです。

プラトンのイデア論が最も説得的なのは、おそらく**幾何学**についての議論でしょう。

ここに様々な三角形（図5）がありますが、じつはこれらはいずれも厳密には三角形ではありません。目に見えて**線が歪んでいる**というのもその理由の一つですが、より本質的な問題として、**線分に太さが生じてしまっている**という点が挙げられます。三角形とは「三点とそれらを結ぶ線分からなる多角形」と定義できますが、線分には決して太さがあってはなりません。太さがあれば、それはもはや「面」ですから。でもそれが目に見えるものである以上、その線分には間違いなく太さが存在します。というわけで、これらは真の意味での三角形の条件を満たしていないのです。したがって、「摩擦ゼロの平面」などと同じく、**厳密な意味での「三角形」なるもの**（＝三角形のイデア）**は、現実世界には決して存在しない**のです。

では真の三角形はどこにあるかというと、それは**イデア界**にしか存在しない、とされます。要するに知性でもって思考された純粋に理論的な世界ということです。私たちはどうしても目でモノを見ようとしますが、目などの感覚器官はとても頼りないもので、錯覚などに欺かれてしまうことも少なくありません。だから私たちは、真実を見つけるためには目や耳で世界を捉えようとするのではなく、いわば「心の目」を用いて、目に見えるものの背後にあるイデアを見つけることを目指すべき

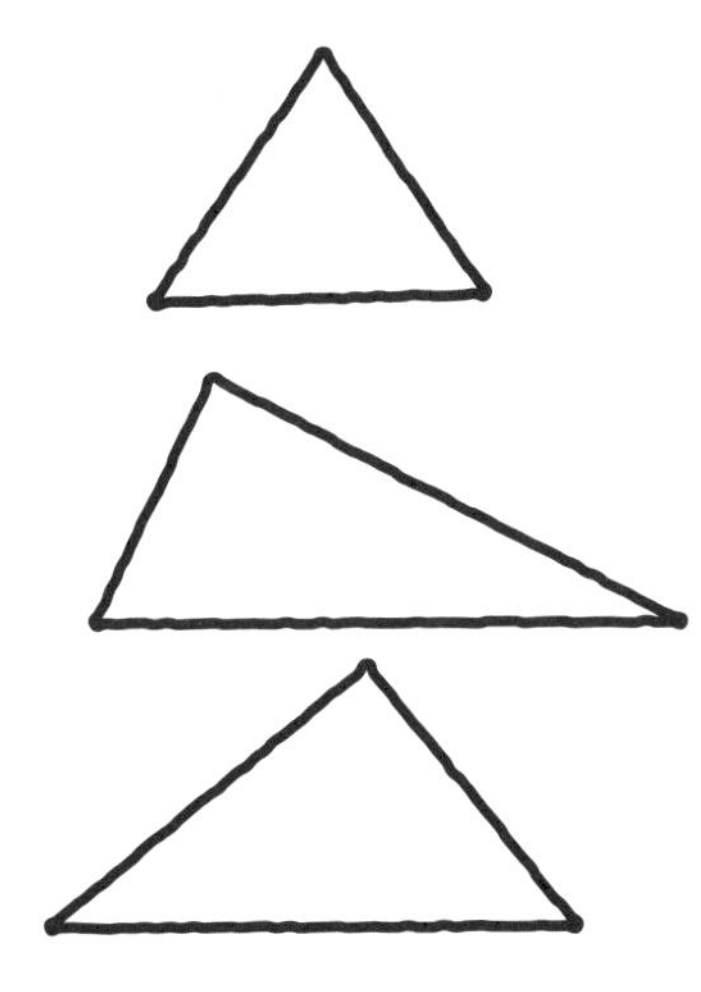

図5　様々な「三角形」

なのです。

私たちが見ている個物の背後にイデアが存在する、というプラトンのこの議論は、イデアを「本質」と解釈すれば、とりあえず理解はできましょう。この机が机であって椅子でないのは、それが机の本質（イデア）をもっているからだ、というわけです。

ところがプラトンはそこで議論を終わらせずに、**本当に存在するのはイデアであって、現象はその似像にすぎない**、と続けています。その際に彼が用意している議論として最も有名なのが、「**洞窟の比喩**」です。

洞窟のなかに鎖で繋がれた囚人たちがいます。彼らは子どもの頃からずっと繋がれていて、外界を見ることはおろか後ろを振り返ることすらできません。このとき彼らは後方から投射される事物の影だけを見ることになり、そうした影しか見たことのない囚人は、その影を本物と思い込むのではないか——というお話です（図6）。

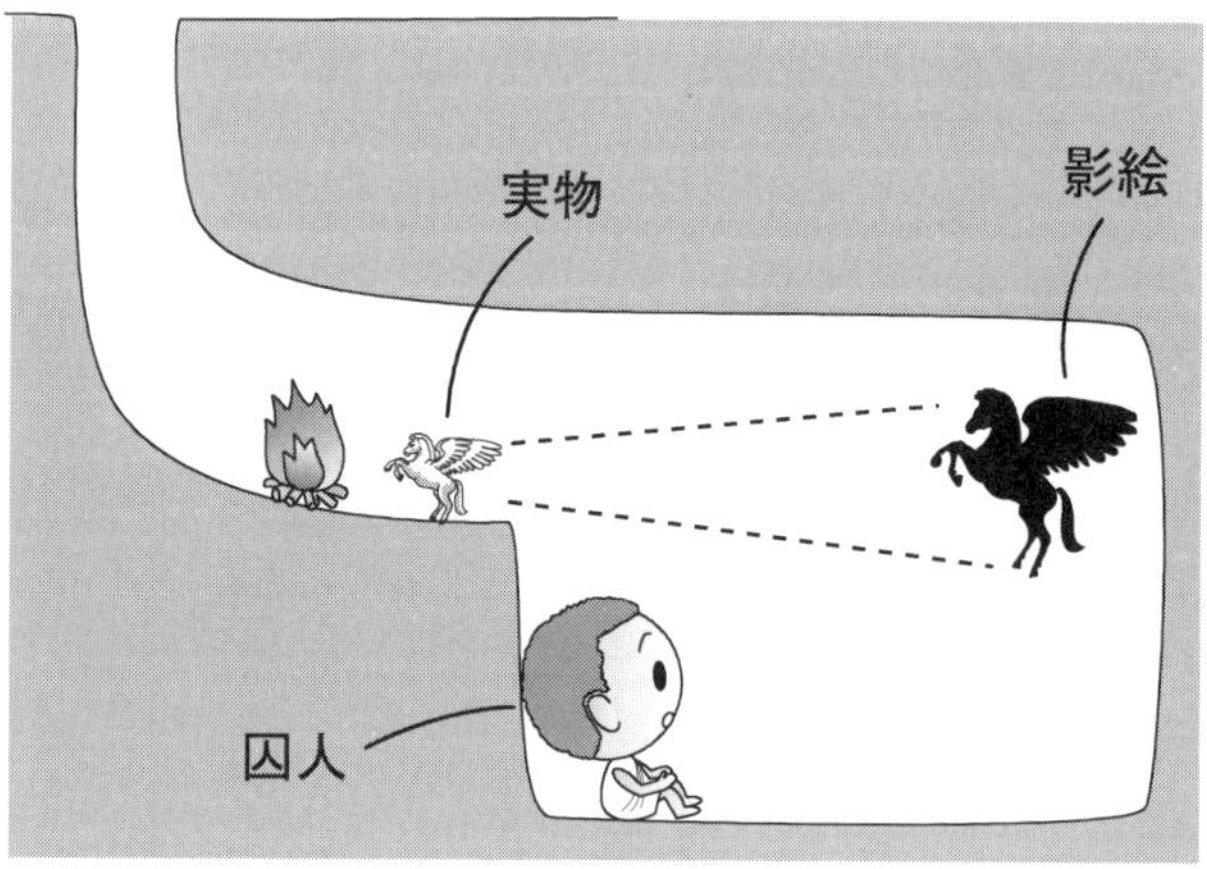

影絵
実物
囚人

図6　洞窟の比喩

かなり奇妙な喩え話ですが、プラトンはその奇妙さを認めつつ、この奇妙な囚人の境遇が「われわれ自身によく似ている」と指摘します。つまり、目でモノを見る習慣がすっかり定着している私たちは、その真の姿（イデア）を捉えられなくなっている、というわけです。でも目で見えるものが「影」で、イデアが「本物」であると言える根拠はどこにあるのでしょうか？

率直に言ってプラトンはこの点について必ずしも説得的な議論をしているようには思われません。けれどもプラトンの真意を推し量ると、どうやら次のようなことを言いたかったようです。すなわち、永遠の存在と有限な存在を比べると、**永遠の存在のほうがより確実に存在している**、と。個々の机はいずれ耐用年数が来てスクラップになりますが、机のイデアは永遠です。美しいパルテノン神殿も絶世の美女も時間とともに滅びてしまいますが、美のイデアは永遠です。

このようにプラトンは、滅びる宿命にある個々のモノではなく、永遠の存在であるイデアこそが真の存在だと考えました。この存在論は、永遠の存在である神を信仰するキリスト教とともに、ヨーロッパ人の発想の根幹をなしてきたのです。

回アリストテレスの存在論

プラトンは偉大な師ソクラテスに勝るとも劣らない哲学者でした。20世紀のある哲学者が「西洋哲学史はプラトン哲学の注釈の歴史にすぎない」とまで言っているように、賛同するにせよ反対するにせよ、プラトンは西洋哲学史における決定的な哲学者でした。ところが驚くべきことに、プラトンの弟子に当たる**アリストテレス**（BC384－BC322）（図7）もまた、師に匹敵するほど巨大な哲学者だったのです。これだけの知的巨人が師弟3代にわたって出現したということは、空前絶後と言っていいでしょう。

さて、アリストテレスは論理学、倫理学、生物学、天文学などあらゆる学問を基礎づけたことから、「**万学の祖**」とも言われています。人類史上の天才ベスト3かベスト5くらいには間違いなく入ることでしょう。

彼はマケドニア出身の哲学者で、17歳か18歳のときにプラトンの学園アカデメイアに入りました。プラトンは当時60歳で、その後プラトンが死ぬまでの約20年間、アリストテレスは

図7　アリストテレス

師のもとで研鑽を積みます。しかし師の後継者に凡庸な人物（プラトンの甥）が選ばれるとアカデメイアを去り、故郷でのちのアレクサンドロス大王の家庭教師を務めたりした末に、再びアテナイに戻り、自身の学園リュケイオンをつくって独自の哲学を構築していきました。

さて、アリストテレスは本当に存在するものをどのように理解したのでしょうか。

プラトンは事物の本質（＝イデア）が個物を超越していると論じましたが、これに対してアリストテレスは、**事物の本質は個物に内在している**と説きました。これはいったいどういうことなのでしょうか。

もともとアリストテレスは、師プラトンと同様に、イデア論が正しいと考えていたようです。ところが次第に、それでは様々な不条理が生まれると考えるに至りました。そこで彼は主著『**形而上学**』の第1巻において、「われわれプラトン主義者」の議論の難点として、23箇条もの問題を列挙し、イデア論への「自己批判」を展開しています。なお同書第13巻では、ほぼ同様の議論を「かれらプラトン主義者」の難点として展開しており、哲学者として独り立ちした自負のようなものがうかがえます。

ではアリストテレスはイデア論にどのような問題を見出したのでしょうか。ここではとくに重要な2点を紹介しておきましょう。

まず、「**第三人間論**」と呼ばれる有名な議論です。

プラトンによると、個々の人間（たとえばソクラテスやプラトン）が人間であるのは、人間を人間たらしめる「人間のイデア」を彼らが分有しているからです。ところで個人としてのソクラテスと「人間のイデア」は、それぞれ現象界とイデア界という異なる世界に住んでいますが、いずれにせよ何かしらの意味で「人間」です。そうするとイデア論の見地では、「ソクラテス」と「人間のイデア」をともに人間たらしめるところの何か、言うなれば「人間のイデアのイデア」を分有していなければならないことになります（図8）。

　つまり、「人間のイデア」を「第二人間」と呼ぶとすれば、ここに「人間のイデアのイデア」としての「第三人間」が要請されることになってしまうのです。以下永遠に続き、「第四人間」や「第五人間」なども想定しなければならなくなる、というわけです。

　この議論については有力な反論もあり、論理学的に非常に興味深いテーマです。しかしいずれにせよ、じつはほかならぬプ

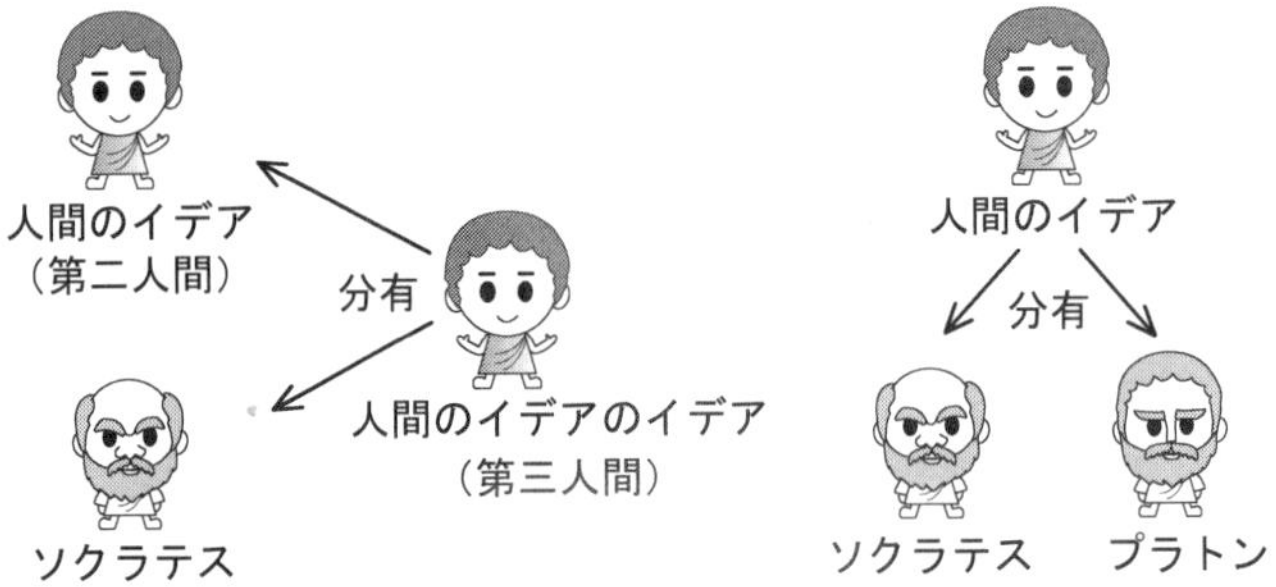

図8　第三人間論

ラトン自身も晩年にこの難点に気づき、『ティマイオス』や『パルメニデス』などの著書のなかで同様の議論を展開しているのです。つまり、**当のプラトンさえイデア論を批判しているのです**。

それからイデア論への二つ目の批判として、これが**事物の生成消滅をうまく説明できない**という点が挙げられます。

プラトンにとって、消えたり現れたりする蜃気楼（しんきろう）のようなものは真の存在の名に値しません。彼にとっては、時間や空間のなかに存在し目に見えるような存在ではなく、時空を超えた永遠の存在だけが真に存在するとされるのです。つまり**プラトンの存在論は本質的にスタティック（静的）**なのです。

けれども、そうすると、私たちが経験している運動や変化はどのように説明されるのでしょうか？　うまく説明されないのです。プラトンに影響を与えた哲学者**パルメニデス**は、そもそも変化や運動というものは存在しないのであって、変化や運動のように見える現象はいわば目の錯覚のようなものにすぎない、と考えました。しかしこの思い切った結論は、私たちの直観とあまりにかけ離れています。

そこでアリストテレスは、この問題を次のように解決しました。

アリストテレスによると、まず、**事物の本質は個物に内在しています**。したがって、プラトンのイデア論が考えるように、私たちが見たり触ったりしている個々の猫（ミケやタマ）とは異なる世界に「猫のイデア」が存在するのではありません。猫の本質は、ミケやタマに内在しているのです。

でも、本質だけでは事物は成立しません。アリストテレスは事物の本質をエイドス（形相）と呼んでいるのですが、事物が成立するためには、エイドスに加えて素材・材料を意味する**ヒュレー**（**質料**）が必要になります。テーブルをつくるには、その形（エイドス）を実現するための木材（ヒュレー）が必要だ、というわけです。そんなわけで、**事物はすべてエイドスとヒュレーの統一体**なのです。

けれども、では事物の本質＝エイドスはどうして成立するのでしょうか？　それは、**事物には本質を実現する力があらかじめ内在されている**からです。

たとえば受精卵を考えてみましょう。受精卵の段階では、人間も猿もカバも、外見はほぼ同じです。ところが細胞分裂を繰り返すと、人間の受精卵は間違いなく人間に、カバの受精卵はカバへと成長していきます。これはそれぞれの受精卵にいわば「設計図」が内在しているからです。この「設計図」に当たるものこそ、アリストテレスの言うエイドス（形相）にほかなりません。

人間には出来・不出来がありますが、どんな人であれ、いやしくも人間である以上、人間としてのエイドスを持ち合わせており、だからこそ立派に「人間」へと成長するのです。

このように、**事物の本質を個物の内部に求めたことで、アリストテレスは世界の生成をうまく説明できた**のです。

回 まとめ

というわけで、プラトンは、本当の意味で存在するのは知性によってのみ捉えられるイデアであると考えましたが、アリストテレスは、私たちが目や耳などの感覚によって捉えている個物こそが存在していると考えました。アリストテレスによると、個物から離れた抽象的な「猫それ自体」だとか「野菜のイデア」などというものは、客観的な存在ではなく、人間が頭脳でつくり出した人為的な構築物なのです。

観念的なものに真の存在を認めるプラトンと、現実的で個別的なものに真の存在を認めるアリストテレス。この師弟がそれぞれ確立した存在論は、二千数百年にわたるその後の西洋哲学の歴史において、様々に変奏されつつ、繰り返し展開されることになります。いまに至るまで決着のつかない哲学的論点が、これだけ古い時代につくり上げられたことには、まったくもって驚くほかありません。

◎プラトンは、個物を超えたイデアこそが真実在だと考えた。
◎アリストテレスは、個物のなかに本質が宿っていると考えた。
◎二人の存在論は、ともに今日でもなお有効である。

第3章 心とは何か【デカルトと物心二元論】

人間は肉体と魂からなる存在である。——これはほとんど古今東西の人類共通の考え方らしく、古代の文献を見ても、現代の未開社会においても、ほぼ同様の発想が見出されます。この「肉体と魂」といった言い方の背後には、明らかに肉体と魂が根本的に異なる性格をもったものであるという直観があります。「肉体は滅びても魂は永遠に生き続ける」といった言い回しがしばしばなされるのも、肉体と魂（身体と精神、物と心）が完全に区別されると考えられているからこそでしょう。

でも**肉体と魂は、そんなにはっきりと分けられるのでしょうか？**

これに揺るぎない確信をもって「イエス」と答えたのが、近代哲学の祖とされる**デカルト**です。彼は**物心二元論**という近代哲学の基本的枠組みをつくり上げました。

でも現代人は、そこまで確信をもてないはずです。というのも、魂＝精神＝心（これらの違いについては、こだわらないことにしましょう）は、肉体である脳の機能ときわめて密接に関連しているように感じられるからです。

では精神は肉体（脳）の物理的作用にすべて還元されてしまうのでしょうか？

あとで述べるように、これに「イエス」と答える哲学者も少なくありません。でも多くの人には、精神に何かしら独自の意義があるようにも感じられるのではないでしょうか。つまり、心は脳の作用と密接に関係しているにしても、脳という物理的存在によって心のすべてを説明することはできないのではないかというのが、多くの人の捉え方なのです。

本章では、心のありかをめぐってデカルトのつくり上げた理論的枠組みと、それに対する批判を検討してみましょう。

回 哲学の第一原理

まずはデカルトのプロフィールを簡単に見ておきましょう。

ルネ・デカルト（1596－1650）（図9）はフランス生まれの哲学者です。彼は中世から近代への過渡期を生き、理性による合理的推論を重んじる大陸合理論の祖となりました。また物心二元論という近代哲学の基本的枠組みを確立したことから、近代哲学の祖とも位置づけられています。「**考える、ゆえに我あり**」という彼の言葉はあまりに有名なので、誰もが聞いたことがあるでしょう。

さて、そもそもデカルトは何をしようとしたのでしょうか。彼が目指したのは、**学問を確**

実な土台のうえに基礎づけることでした。なぜそのようなことが必要だったかというと、彼の時代には迷信に満ちた呪術めいたものが「学問」としてまかり通っていたからです。いかがわしいエセ科学は今日でも幅を利かせていますから、ようやく中世を抜け出たばかりのデカルトの時代にあっては、なおさらだったことでしょう。デカルトはそうしたものをしりぞけたかったのです。

　でも、どうすれば学問を確実な土台のうえに基礎づけられるのでしょうか。

　デカルトの主著『方法序説』は、「良識はこの世で最も公平に分配されているものである」との言葉から始まります。「良識（bon sens）」は「理性」とも言い換えられます。つまり、デカルトにとって、人間が理性的な存在であるということは自明の前提であって、**理性を正しく用いさえすれば、誰であっても正しい推論が可能である**とされたのです。

　とはいうものの、研究の出発点が間違っていれば、いくら正しい推論を積み重ねたところで、正しい答えには至れません。数学の証

図9　ルネ・デカルト

明手続きなどでも、計算の出発点で間違えてしまえば、そのあとの計算がいくら正確であっても決して正解には辿り着けないことでしょう。したがってデカルトは、学問を正しく基礎づけるために、あらゆる学問が拠って立つことのできる究極の原理を探そうとしたのです。これを**哲学の第一原理**と言います。

　では、どうすれば哲学の第一原理は見つかるのでしょうか。これを見つけるためにデカルトが採用したのが、哲学史に名高い「**方法的懐疑**」という手法です。

　方法的懐疑とは、絶対確実な原理を発見するために、少しでも疑う余地の残るものは、すっぱりとしりぞけてしまうという知的手続きを指しています。こうして間違っている可能性のあるものをすべて切り捨てていくならば、最後に疑い得ない原理が見出されるだろうというわけです。さて、いざこの方法的懐疑をやってみると、日頃は自明と思っている多くの事柄がことごとく疑わしいということがわかってきます。

　たとえば「感覚」はどうでしょうか。私たちは視覚や聴覚などの感覚によって世界の様々なものを捉えていますが、目の錯

上と下の平行線は同じ長さである

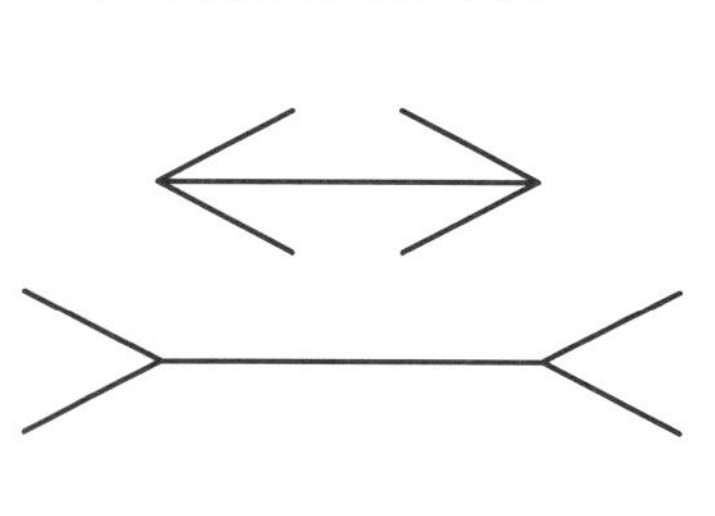

A面とB面は同じ色である
（チェッカーシャドー錯視）

図10　錯覚

覚や幻聴といったものにおそわれることがあります（図10）。したがって、感覚は、おおむね正しく世界を捉えているとしても、学問の基礎に据えることはできません。絶対確実とは言えないからです。

「経験」についても同様のことが言えます。リアルで生々しい経験がじつは夢であった、ということは、みなさんも身に覚えがあることでしょう。デカルト的な懐疑によれば、**この世界のすべてが夢である**という可能性も否定できないのです。だから私たちは経験を学問の土台に据えるわけにもいきません。

もちろん「常識」もダメです。常識が間違っていることなんて、いくらでもあるのですから。たとえば天動説は、1000年ものあいだ常識であり、権威ある学説でした。だから教科書に書いてあるようなことだって、信用するわけにはいかないのです。

では「数学」はどうでしょうか。デカルトは数学を深く愛し、私たちが小学校から習ってきたx軸とy軸からなる座標で二つの実数の組み合わせを表す手法も、デカルトが発明したものです（**デカルト座標**）（図11）。ところが、一見するときわめて確実に見える数学さえ、デカルトによると

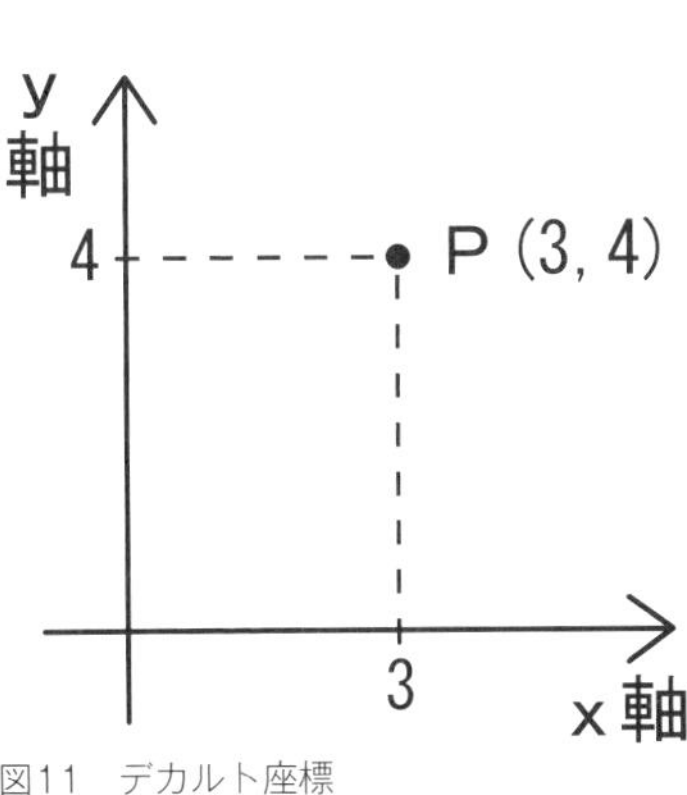

図11　デカルト座標

不確実です。神が系統的に人間を間違うように仕向けている可能性を排除できないからです（**欺く神**(あざむ)）。というわけで、数学さえ学問の土台としては不適当だということになってしまいました。

感覚もダメ、経験もダメ、常識もダメ、数学もダメ、何もかもダメというわけです。

でもただ一つだけ、どれほど疑っても決して疑い得ないものが残ります。**いま私が現に疑っているという事実**です。もしいま私が様々なものについて疑っているのであれば、いま私が疑っているというその事実はどうしても疑い得ません。「いま私は疑っている、でもじつは疑っていない」などというのはナンセンスですから。そして、だとすれば、その**疑っている当の私が存在するということも疑い得ない**、とされます。言うまでもなく、これがいわゆる**「考える、ゆえに我あり（コギト・エルゴ・スム）」**です。

「考える、ゆえに我あり」という命題においてデカルトが証明したのは、「**考える自我**」**が存在するということ**です。この世界には不確実なものが多いが、それでも、いままさに思考しているこの私の存在だけは絶対に確実だ、というわけです。西洋近代思想は、外的な権威に左右されることなく、みずから考え、みずからの意志で行為する主体、すなわち**近代的自我**を重んじてきました。そうした近代的な自我という概念を確立したのが、まさにこのデカルトだったのです。

回物心二元論

さて、そんなわけでデカルトは自我が存在することを哲学の第一原理に据えたわけですが、ここでデカルトが証明した「自我」は、よく考えるととても奇妙なものです。というのも、これはいっさいの物質的要素を排除した純粋な「**精神**」でしかないからです。

デカルトは少しでも疑わしいものはすべてしりぞけるという戦略をとり、その結果として最後に残ったのが、思考する自我でした。身体の存在は、疑いうるものとしてしりぞけられています。だから、**デカルトの考える自我は、脳なしに存在しうる**ものです。脳なしに自我が幽霊のように存在するというのはオカルトめいた想定に感じられますが、デカルトはまさにそのように断定しているのです。**形も大きさもない非物質的な実体である**精神だけが確実だというわけです。

では物質は存在しないのでしょうか?

もちろんそんなことはありません。デカルトは哲学の出発点に据えられるべきものは精神的な実体である自我だと考えましたが、物質の存在を否定しているわけではありません。**物質は結果としてその存在が証明される**のです。

詳細は省きますが、デカルトは精神＝自我の存在をまず証明し、それをもとに神の存在を証明し、最後にそこから物質の存在を証明しています。率直に言ってこの「証明」手続きにはかなり疑わしい点がありますが、それは脇に置くとしましょう。ともあれ、**デカルトは物質的な世界と精神的な世界がまったく別々に存在していると考えている**のです。このような発想を**物心二元論**と言います。

さて、デカルトによって確立された物心二元論には、明らかなメリットがあります。それは、物質的な世界から精神的要素を完全に排除することで、物質的な世界を物理的な因果法則だけで説明することが可能になったという点です。デカルト的な物心二元論では、昆虫も植物も竜巻も、すべて時計の歯車と同じように機械論的に説明できるとされるのです。これは古代・中世的な自然観においてはまったく見られなかった考え方であり、**物心二元論を前提とするこの機械論的な考え方こそが近代自然科学を可能にした**と言っても過言ではありません。

回 物心二元論の難点

デカルトは、物心二元論を説くことで、近代科学と近代哲学の基本的な枠組みをつくり上げました。しかしながら、物心二元論には大きな難点もあります。それは、**精神と身体の相互交渉をうまく説明できない**ということです。

デカルトは、この世界が精神と物質という二つの実体から成り立つと論じました。「**実体**」

とは、他のものに依存せずにそれ自体で存在するようなもののことです。見てきたように、デカルトにおいては、精神は物質から完全に独立したものであり、物質もまた精神的要素をいっさいもたないものであるとされました。精神と物質が実体であるというのは、それらが相互に完全に没交渉であることにほかなりません。

でもこれは、明らかに私たちの直観と実感に反しています。私はこの原稿をパソコンに入力していますが、私の両手は私の心が命じるままに作動しているように思われます。また、私が歯を磨こうと思ったときに、意に反して身体が勝手にタップダンスを踏み始めるなどということも決してありません。つまり、**基本的に私の身体は私の心の命令に服している**のです。

それからまた、明らかに**心は身体的コンディションに強く影響を受けます**。たとえば1週間も不眠不休で働き続ければ、どんな人でも体調を壊すだけでなく、精神的に参ってしまうはずです。正常な判断力を失ってしまうかもしれません。これに対して、よく食べてぐっすりと眠った翌日などは気分も快活になり、頭の働きもクリアになります。

というわけで、精神と物質が完全に分離できるという考え方は、とてもわかりやすいものではありますが、かなり無理のある考え方なのです。

回 機械のなかの幽霊――行動主義による二元論批判

デカルト以降の哲学者は、デカルトの示した物心二元論の難点を解決するべく、様々なアイデアを提案してきました。とくに20世紀の英米では、この問題に焦点を当てる「**心の哲学**」が活発に論じられましたので、その議論をいくつか見てみましょう。

まずは、モノの世界から切り離された**心という概念を否定**する考え方から。

この発想は、まず「**行動主義**」を名乗った20世紀イギリスの哲学者**ギルバート・ライル**（1900－76）によってはっきりと打ち出されました。ライルはデカルトの物心二元論を「**機械のなかの幽霊**」のドグマと呼んで批判しています。

「機械のなかの幽霊」とは、脳をある種の「器」のようなものとして理解し、精神はそこに「収納」されている幽霊のようなものであるとする発想です。ライルはなぜこの発想をしりぞけるのでしょうか？

心のあり方を示す表現の一つに、「優しい」というものが挙げられます。「あの子は一見乱暴ですが、本当は優しい心をもっているのです」というように。でも心における「優しさ」それ自体は、見ることも触ることもできません。私たちが「優しさ」と呼ぶものは、困っている人を見たら必ず助けてあげるとか、あるいは道を踏み外した人を毅然と叱咤（しった）するといったことでしょう。

つまり、私たちは特定の**行動パターン**をとっている人を「優しい」人と表現しているのです。そこには、目に見えない幽霊のような心という要素はいっさいありません。あるのはただ、行動だけです。

心がモノから切り離された実体であるとする考えを、ライルは「**カテゴリー・ミステイク**」として批判しました。「カテゴリー・ミステイク」とは、たとえば「昨日ママに頼まれてね、スーパーで白菜と人参とお野菜を買ったんだよ」といった言明に見られます。白菜と人参は野菜の一種ですから、これらに加えて野菜それ自体を買うというのはおかしいでしょう。ライルによると、心を実体とみなすのもこれと同様であって、物質である身体の行動パターンでしかない心が物質と対等な実体であるというのは混乱した考えだというのです。

物心二元論の難点をあっさりとしりぞけたライルの議論は多くの反響を呼びました。ライルが心から神秘のヴェールをはぎとったことは、大きな功績と言えるでしょう。ただ、**ライル流の行動主義には明らかに多くの人の直観に反するものがあります**。

たとえば「悲劇的な事件によって最愛の人を失ってしまった心の痛み」といったものを外面的な行動によってうまく説明できるのでしょうか。こうしたものについて、第三者が「あなたのつらさはよく理解できる」などと発言するならば、まったくの思い上がりと言わざるを得ません。他人の心をある程度「推し量る」ことは可能でしょうが、行動によってすべて説明することなどできるはずはないのです。

また、心が行動からすべて説明できるのであれば、人間と同様に振る舞うことのできる**ロボットには心がある**ということになるでしょう。いまでは人間そっくりの外見をもち、驚くほど洗練された会話も可能なロボットまで開発されています。とはいえ、ドラえもんのような完成度の高いものが登場する時代はいざしらず、現段階でのロボットに心があると言うことは憚(はば)られるというのが多くの人の捉え方ではないでしょうか。

さらに、行動主義においては、人間そっくりに「行動」できるロボットとは逆に、身体をまったく動かすことのできなくなった**重度の身体障碍(しょうがい)者には心がない**ということになりかねません。これは人間の尊厳についての今日の一般的な感覚からして、とうてい受け入れられない主張でしょう。

回クオリア

行動主義を含めて、心的過程をすべて物理的過程として説明できるという哲学的立場を「**物理主義**」(または「唯物論」)と言いますが、今日では、物理主義のなかでも心理現象を「振る舞い」から説明しようとする行動主義はあまり支持されていません。これに代わって有力となったのが、心理現象を脳の機能として説明しようとする「**機能主義**」です。心臓が血流を生み出し、胃が食物を分解するのと同様に、心は脳という物理的装置の生み出す身体的機能である、というわけです。

　ところがこの機能主義に対しても様々な反論があり、なかでも興味深いのが、アメリカの哲学者**トマス・ネーゲル**（1937-）による批判です。ネーゲルが機能主義を含めた物理主義への疑問を提起した有名な論文は、「**コウモリであるとはどのようなことか**」と題されています。

　このタイトルが意味するのは、「コウモリとは何か」ではありません。「コウモリとは何か」という問いに対しては、「脊椎動物亜門哺乳綱コウモリ目に属する動物である」とでも答えればいいのです。でもこれは自然科学の分類法に従った、人間の視点による説明にすぎません。ネーゲルがここで問題提起しているのは、**コウモリにとってコウモリであるというのはどのような事態なのか**、ということなのです。

　言うまでもなく、コウモリは人間とまったく異なる感覚器官をもっています。だから、私たちがしみじみとした感動を覚える夕焼けを見ても、ガラスを引っ掻く不愉快な音を聞いても、人間とはまったく異なる「感じ方」をすることでしょう。つまり、**コウモリは本質的に人間とはまったく異なる世界に生きている**のです。この事情は、コウモリの神経組織についての研究がどれほど進んでも変わりません。コウモリに起こる現象をどれほど詳細に記述できるようになったとしても、それは私たちにとってのコウモリにすぎず、コウモリにとっての世界がどのようなものであるかは、私たちには永久にわからないのです。

そしてこのことは、じつは人間についても当てはまります。

たとえば同じ「赤」を見たとしても、**A氏にとっての赤とB氏にとっての赤はまったく異なるものであるかもしれない**のです。そんなはずはないだろうとお思いでしょうか。では「痛み」で考えてみればどうでしょうか。

同じ注射であっても、その主観的な痛みは刺激の受け手によって本質的に異なっているはずです。「客観的な痛み」などというものはあり得ないでしょう。「あなたは不適切な痛み方をしている。あなたの客観的な痛みはこれこれなのだ」などと言うことは許されないのです。

だとすれば、「赤」についても同じことが言えはしないでしょうか。つまり、あなたと私が同じ色を見て、それが「赤」であるということに合意できたとしても、「赤」を見たときにあなたが感じているものと私が感じているものはまったく違うものである、ということは考えられないでしょうか。これは「心の哲学」において「**クオリア**（感覚質）」と呼ばれる概念をめぐる論点です。

ネーゲルのように、各人において独自のクオリアが存在するという立場をとるならば、物理的（身体的）プロセスから独立した心のあり方について論じる余地があるということになるでしょう。ところがクオリアなどというものは存在しないという哲学的立場もかなり有力であり、決着はついていません。

回まとめ

デカルトによって確立された物心二元論に難点があることは多くの論者が認めるところですが、すべてを物質的過程にまで還元し、「心」という概念を完全に消去してしまえるのかと言えば、意見は大きく割れているというのが実情です。

結局、デカルトによって確立された物心二元論の構図は、難点を抱えつつ、いまだに生き続けているのです。

◎デカルトは、物と心がまったく別物であると論じた。
◎デカルトの物心二元論には様々な批判が寄せられてきた。
◎いまなおデカルト的図式に代わるものは確立していない。

第4章 因果関係とは何か【ヒューム】

「風が吹けば桶屋(おけや)が儲(もう)かる」という格言があります。

大風が吹くと、土ぼこりが舞う。土ぼこりが舞うと、目を痛めて盲人になる人が増えてしまう。盲人が増えると三味線(しゃみせん)の需要が増す(注)。三味線には猫皮を使うので、猫が減る。猫が減ると鼠(ねずみ)が増える。鼠が増えると桶(おけ)がたくさん齧(かじ)られてしまう。そうすると桶の需要が増え、桶屋が儲かる、というわけです。

(注) かつて盲人は三味線弾きとなることが多かった。

要するに、およそつながりそうもない事柄に因果関係があるかのように言う論法のことであって、馬鹿げた推論をからかう際に、「風が吹けば桶屋が儲かる」式の議論にすぎない、などと言われるのです。

でも、そもそも**因果関係とはいったい何なのでしょうか**?

「人身事故のために電車が遅れた」という言明に違和感を覚える人は滅多(めった)にいないことでしょう。人身事故と電車の遅れという二つの出来事には明らかに因果関係があるように見えるからです。

では「猛勉強したところ志望校に合格できた」などはどうでしょうか。前後の出来事にはそれなりに因果関係がありそうに見えますが、間違いなく必然的なつながりがあるかというと、少し怪しくなってきます。志望校への合格という結果には、猛勉強以外の要因が絡んでいる可能性が高いからです（運がよかった、地頭がよかった、親の経済力で良好な学習条件が整えられた、などなど）。「○○という参考書を使ったおかげで合格できた」になると因果関係はさらに怪しくなりますし、「○○神社にお参りしたおかげで合格できた」などになると、ここに客観的な因果関係が働いていると感じる人はほとんどいないことでしょう。

でもよく考えると、私たちは「死んだ父が守ってくれた」「神様のおかげでいまの自分がある」といった言明を、さして違和感なく受け入れています。つまり私たちは、文脈によっては、宗教的な信念のようなものにも、ある種の因果関係を認めているのです。

誰もが認める絶対確実な因果関係とは、どのようなケースで成立するのでしょうか？　またそもそものようなものは本当に成立するのでしょうか？

この因果関係という概念を根本的に否定する大胆な哲学者がいます。イギリス経験論を究極の地点にまで推し進めた**ヒューム**です。

回イギリス経験論とは

まずはヒュームを生み出したイギリス経験論の哲学について簡単に確認しましょう。

イギリス経験論とは17～18世紀のイギリスに成立した哲学潮流で、この立場は、**あらゆる人間の知識は経験に由来する**、と考えます。

イギリス経験論の祖と位置づけられる**フランシス・ベーコン**（1561－1626）（図12）によれば、学問は人間の生活を改善するものでなくてはなりません。そしてそのためには、自然についてて正しく理解し、それを支配できるようになることが必要だとされます。たしかに飛行機を飛ばすとか病気を治療する薬品を製造するといったことは、自然界についての正確な理解を抜きには成り立たないでしょう。

ベーコン以前に支配的であった中世のスコラ哲学は、論理的な思考と精緻（せいち）な理論を磨き上げることばかりに熱中し、人間の生活にはほとんど役に立たないシロモノになっていました。だから肝心なことは、とにかく実際に自然をよく**観察**し、**実験**することなのです。自然界に

図12　フランシス・ベーコン

ついて知ることによって人間の生活を改善するということの考え方は、「**知は力なり**」という標語で表現されます。

ベーコンの経験論をいっそう推し進めた哲学者が、社会契約論者として有名な**ジョン・ロック**（1632‐1704）（図13）です。彼はいっさいの生得観念を否定することで、経験論を徹底させました。

生得観念とは、人が生まれながらにしてもつ観念のことです。「机」や「衣服」などのような具体的なものについては比較的容易に説明できますが、「善」「自由」といった抽象観念は、説明がきわめて困難です。なのにこれらについて誰もが何となく知っているのは、それらが神によって万人に与えられた観念、いわばあらかじめインストール済みの観念だからだ――。デカルトらの合理論哲学はこのように考えました。

ロックが否定したのは、まさにこうした考え方です。いっさいの知識は**例外なく**経験に由来するとして、ロックは徹底した経

図13　ジョン・ロック

験論を説いたのです。

回帰納法の難点

ベーコンやロックの議論は今日の私たちにとっての常識とよくフィットします。ところが彼らの議論には重大な難点があります。それは経験論が重視する**帰納法の抱える根本的な問題**です。

まずは帰納法とは何かについて確認してみましょう。

帰納法とは、個別的な知識から普遍的な法則を導こうとする方法のことです。たとえば次のようなものです。

政治家Aは腹黒い。政治家Bも腹黒い。政治家Cも腹黒い。ゆえに政治家はみな腹黒い。

このように、個別の政治家についての観察結果から、政治家すべてに当てはまる「一般法則」を引き出すのが帰納法です。「憎まれっ子、世にはばかる」などの格言の多くは、帰納法的な推論に基づいています。

しかし、これら**帰納法的推論はすべて論理的に誤っています。**

なぜなら、経験によって獲得された知識は既知の事柄についてのものでしかなく、未知の事柄については何も言えないはずだからです。これまでに確認された政治家が全員腹黒かったとしても、未知の政治家が高潔の士である可能性は否定できません。100万の事例を調べ上げたとしても、たった一つの反証例が発見されれば、それはもはや「一般法則」の資格を失ってしまうのです。

たとえば「哺乳類は卵を産まない」というのは、経験によって帰納されたヨーロッパ人の常識でしたが、1798年にカモノハシが発見され、この常識は誤っていたことが明らかになりました。

これは特異な例外ではありません。帰納法は原理的にこうした欠陥をもっているのです。いくら観察や実験を重ね、多くの統計データを集めたところで、**可能性の高い結論は出せても確実な結論は出せない**のです。

この場合の「可能性が高い」ことを「**蓋然的**」と言い、「確実」なことを「**必然的**」と言います。帰納法的な推論とは、本質的に蓋然的な結論しか出すことができず、必然的な結論を出せないのです。

「**経験則**」と呼ばれるものはすべて帰納法によって導かれたものであり、したがってまた蓋然的な性格をもっています。だからこれらは本当の意味では「法則」と言えません。「花の愛好家に悪人はいない」とか「努力すれば道は開ける」などが真の法則でないことは明らかでしょう。これらは比較的無害な教訓ですが、なかには「これまで深刻な原発事故は一度も起こらなかった。だから今後も決して起こらない」のように、単なる蓋然的な経験則がある種の「信仰」（安全神話）にまで高められて深刻な事態を招いてしまうケースが現にあるわけですから、蓋然性と必然性の区別は重要です。

この帰納法の難点についてはじめて正面から切り込んだのが、ほかならぬヒュームなのです。

回ヒュームの懐疑論

デイヴィッド・ヒューム（1711－76）（図14）はスコットランドの哲学者で、アダム・スミスの親友でもありました。進歩的な自由主義者でもあり、『イングランド史』を書き著した歴史家でもあり、今日「貨幣数量説」と呼ばれる経済学説を最初に定式化したことでも知られます。

哲学者としてのヒュームは、イギリス経験

図14　デイヴィッド・ヒューム

論を究極の地点にまで推し進めたと評され、認識論あるいは科学哲学と呼ばれるジャンルでは決定的に重要な哲学者として位置づけられています。その最大の特徴は、私たちの常識を根本的に揺さぶる「**懐疑論**」を提唱した点にあります。

その議論はきわめて反常識的で破壊的なものですが、20世紀イギリスの哲学者バートランド・ラッセルによれば、それを正面から論駁（ろんばく）することに成功した者はこれまでのところ誰もいないのです。

ではまず、ヒュームによる帰納法批判のポイントを見てみましょう。

ヒュームによると、そもそも帰納法が成立するためには**自然の斉一性**（せいいつせい）が成立しなければなりません。「自然の斉一性」とは、自然界はつねにどこでも一様な法則に従っているという仮定であって、これは自然科学が成立するための根本条件と言えるものです。

たとえば、水を入れたやかんを火にかければお湯が沸（わ）くのは確実であって、その逆に凍りつくなどということは絶対にあり得ません。また、重力は何に対しても働きますから、特定の宗教的境地に至った者についてはこの法則を免れて浮遊することができる、などということもあり得ません――。つまりいつでもどこでも誰に対しても自然法則は貫徹する、というのが自然の斉一性の考え方です。

この考え方は正しいでしょうか？

正しそうに見えますよね。科学者は間違いなく自然の斉一性を自明の前提としています。そうでなければ科学が根本から否定されてしまいますから。自然科学では、朝起きたら万有引力の法則が廃止されていた、などということは決してないと仮定しているのです。でなければ科学と魔術の違いはなくなってしまうことでしょう（中世のように）。私たちもまた、自然の斉一性があると確信しているからこそ、やかんの水が凍結したり、やかんから魔王が飛び出てくることを心配せずに、安心してお湯を沸かすことができるのです。

このように自然の斉一性があるからこそ、「これまでそうであった」ことが「これからもそうである」と期待できます。普段なにげなく私たちが帰納法的推論を行なっているのも、自然の斉一性が自明であるとされているからなのです。「われわれの一切の経験的結論は、未来が過去に合致するであろうという想定に基づいて進められている」（ヒューム著、斎藤繁雄・一ノ瀬正樹訳『人間知性研究』法政大学出版局、32頁）のです。

ところがヒュームによると、**自然の斉一性は証明できません**。というのも、自然の斉一性を証明するためには帰納法を用いざるを得ず、これでは循環論法に陥ってしまうからです。なぜ自然の斉一性が成り立つと考えられているかというと、要するにこれまでずっとそうだったからです。これまで太陽はいつも東から昇ってきました。人類史において例外は一度としてありません。だから、私たちはこれからも永久にそうであり続けるだろうと推論しているのです。

でも、自然の斉一性が成立するから帰納法が成立すると言えるのに、その自然の斉一性が成立する根拠を過去の例をもとに帰納法的に示すというのは、明らかに**循環論法**に陥っています。

というわけで、帰納法による推論は確実に正しいとは言えません。**「これまでそうであった」ことは「これからもそうである」ことを保証しない**のです。

回ヒュームによる因果性批判

このように、ヒュームは自然の斉一性という前提が成り立たず、帰納法的な推論も確実でないと主張するわけですが、その懐疑論はとどまるところを知らず、**ヒュームは因果性が存在することをも否定してしまいます**。

本章冒頭でいくつか「因果関係」の例を挙げましたが、ヒュームによれば、「原因の必然性を証明するためにこれまで提出されてきた論証はどれも誤っており」（ヒューム著、大槻晴彦訳「人性論」『世界の名著27』中央公論社、432頁）、「原因」と「結果」には、ただ**蓋然的な関係**しかないとされます。なぜでしょうか？

はじめのほうで挙げた、「猛勉強したところ志望校に合格できた」という言明を例にとって考えてみましょう。

まず、「Xさんが猛勉強した」といった事柄については、直接的に確認できる客観的事実と言えます。「Xさんが志望校に合格した」も同様です。ヒュームは経験論者ですから、実際に目で見て手で触れられるもの、つまり感覚で捉えられる「現象」については事実として受け入れます。

でも二つの現象を結びつける「因果性」はというと、これは目に見えません（図15）。つまり、「Xさんは猛勉強した。であるがゆえに、Xさんは志望校に合格した」と言うことは、ただ観察された事実をありのままに説明しているのではなく、観察された二つの事実のあいだに**目に見えない必然的な関係（＝因果性）**を読み込み、それがそこにおいて作用しているという信念を表明しているのです。

「人身事故のために電車が遅れた」や「お守りをもっていたから事故を回避できた」などの言明についても、事情は同様です。はじめに起こった出来事が「原因」であって、あとに続いた出来事がその「結果」であるというのは、観察によるものではなく、**心のなかの想像**によるものなのです。少し長いですが、この点についてのヒュームの主張を引用してみましょう。

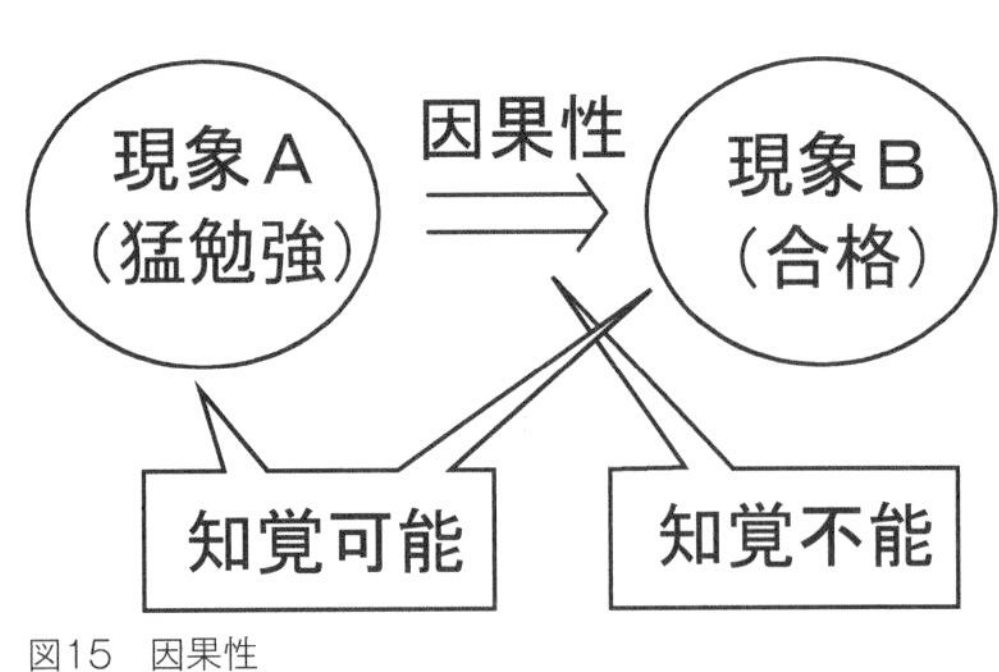

図15　因果性

二つの対象がわれわれに現れていて、その一方が原因、他方が結果であるとしよう。明らかに、一つの対象、あるいは両方の対象を調べるだけでは、それらをつなぎ合わせる結び目はけっして知覚されないだろう。つまり、両者の間に結合があると確信をもって断定できないだろう。

しかし今度は、同じ対象がつねに相伴っているような実例をいくつか観察するとしよう。そうすると、われわれはすぐに両者の間の結合を思いいだき、一方から他方へと推理を行ない始めるだろう。したがって、類似する事例のこのような積み重ねこそが、力もしくは結合のまさしく本質を構成し、その観念が起こる水面の源なのである。

これらの事例はそれ自体としては互いにまったく別個のものであり、それらが結びつくのは、事例を観察し、その観念を集める心のなかを除いてほかにはない。そこで、必然性はこのような観察の結果であり、心の内的な印象、つまり、思考を一つの対象からもう一方の対象へと向かわせる規定にほかならないということになる。

要するに、必然性は心のなかに存在する何ものかであって、対象のなかにあるのではない。もし必然性を物体のなかにある性質と考えるなら、必然性のほんのかすかな観念を形作るのさえ不可能である。必然性の観念をまったくもたないか、それとも必然性は、原因から結果へ、もしくは結果から原因へと、経験された結びつきに従って移る思考の規定にほかならないか、そのいずれかなのである。

（ヒューム、前掲書、456-457頁）

要するに、原因と結果の関係（因果性、因果関係）は観察される事実ではなく、それらの出来事の継起に繰り返し触れた結果、**習慣**として心に生じる観念にすぎない、というわけです。誤解のないように注意しておくと、**ヒュームは因果性が存在しないと言っているわけではありません。**

因果性はたしかに存在します。しかしそれは石ころのようにどこかにゴロリと転がっているわけではなく、人間の心のなかに存在するものです。それは習慣によって生まれるものにほかならず、つまり因果性は**心の習慣**なのです。

類似する例として、「**パブロフの犬**」が挙げられます。

周知のように、「パブロフの犬」とは、旧ソ連の生理学者イワン・パブロフが条件反射の行動を検証するために使った実験用の犬のことで、犬に餌（えさ）を与える際に必ずブザーを鳴らすようにしていたところ、犬はブザーの音を聴くだけで唾液（だえき）を出すようになった、というものです。言うまでもなく、ブザーの音と餌のあいだには何の必然的つながりもありません。しかしその継起が繰り返されるのを聞いた犬は、言ってみればブザーの音が「原因」であって、餌がその「結果」であるように思い込むに至っていた、というわけです。

もちろん人間が心に抱く「因果性」は犬の条件反射よりははるかに組織的なものですが、ある出来事と別の出来事が繰り返し継起するのに接した結果、そこに「**恒常的連接**（constant conjunction）」すなわち必然的つながりがあると思い込むに至るという点では、まったく同じなのです。

いや、私たちが見出す因果関係には必然的なつながりがあるはずだと言いたくなりますが、それを証明する術はありません。自然の斉一性を前提し、そこから帰納法的に推論するほかないのです。そしてこの帰納法的な推論が循環論法でしかないというのは、すでに確認したとおりです。

ヒュームへの効果的な反論は、ほとんど封じられているのです。

回 まとめ

いかがだったでしょうか。

ヒュームの議論にそれなりの説得力を感じつつも納得はできない、という人がほとんどではないかと思います。因果性が客観的な関係ではなく人間の主観的信念にすぎないという議論は、どう考えても私たちの直観に反しているからです。

でもヒュームの議論は難攻不落といった感があります。いったいどう考えればいいのでしょうか？

すでに述べたとおり、ヒュームは因果性の存在を否定しているわけではありません。（神の存在と同様に）証明できない信念にすぎないと言うのです。ヒュームにしたところで、明日の太陽が東から昇ることを疑っているわけではないでしょうし、明日に限って空からカボチャが降ってくるなどということは決してないと信じていたに違いありません。けれどもそれは、あくまで**「おそらくそうであろう」**という**蓋然的な信念**にすぎないのです。

　ヒュームの主張の核心は、**私たちの知がそれほど確実なものでない**という点を再確認させる点にあったと見るべきです。

　私たちは明日も太陽が昇ってくれることを信じて生きています。『不思議の国のアリス』のように、ウサギがしゃべったり卵の姿をした化け物（ハンプティ・ダンプティ）から呼び止められたりすることは、現実には起こらないと確信しています。そうでなければ精神異常者とみなされてしまいますから。

　でも、これらはあくまで「信念」にすぎないのです。そしてそのことをわきまえておくのがとても大切なのです。常識が覆されてしまうということは、現実にしばしば起こります。そのようなときには、謙虚に現実を直視できる柔軟さが物を言うことでしょう。

　つまりヒュームは、哲学の原点とも言うべきソクラテスによる「無知の知」の重要性を私たちに喚起（かんき）してくれているのです。

◎ヒュームは常識や科学の拠り所である因果性を批判した。
◎ヒュームは、私たちの信念が確実でないことを教えてくれる。

第5章 なぜ嘘をついてはいけないのか？

【カントとベンサム】

突然ですが、あなたは嘘をついたことはありますか？

もちろんありますよね。「私は嘘をついたことはない」などと言う人は、まさにその瞬間に嘘をついているに違いありません。

でも、私たちは「ウソをつくな」「正直であれ」と教えられて育ちました。子どもの頃には、ワシントン少年が桜の木を切り倒してしまったことを正直に告白して褒められたなどという逸話を聞かされて素直に感動したはずです。なのに、気づいたら、私たちは軽い良心の痛みを抱えつつ、無数の小さな（？）嘘を積み重ねて大人になっていました。

なぜ私たちは嘘をついてしまうのでしょうか？

もちろん、心の弱さや小さなプライドのために嘘をついてしまうことは多いでしょう。でもそれだけでしょうか。私たちは心のどこかで、**場合によっては嘘が許される**、と思っているのではないでしょうか。

たとえば身内が重いガンに冒されてしまったようなケースを考えてください。こうした場合に、正直に真実を告知するべきかどうかというのは非常に難しい問題です。近年では告知するケースが増えているようですが、場合によっては病気と戦う気持ちを損なってしまい、かえって病状が悪化する可能性もあります。こうした場合には「絶対に治るよ！」と小さな嘘をついて励ましたほうがいいかもしれないのです。

ところがこうした「便宜的な嘘」をいっさい認めない哲学者がいます。それがカントです。

回カントの道徳論

イマヌエル・カント（1724-1804）（図16）は、プロイセン王国の中心都市ケーニヒスベルク（今日ではロシア連邦領のカリーニングラード）で生まれ、ほとんど街を一歩も出ることなく、大学教授として波乱のない生涯を送った哲学者です。彼の生きた18世紀のヨーロッパは戦争が絶えず、街全体がロシアに占領されたこともありました。そのような激動期を生きたにもかかわらず、カントの人生に

図16　イマヌエル・カント

はドラマチックな物語は皆無で、毎日定刻に決まったコースを散歩していたため、カントが通るのを見て近所の人が時計を合わせた、などという伝説が生まれています。そうした生真面目な性格だったからかどうかはわかりませんが、カントは**きわめて厳格な道徳哲学**を打ち立てました。

カントは、いかなる場合にも人を殺してはならず、いかなる場合にも嘘をついてはならないと説き、こうした主張を一貫した哲学理論へと鍛え上げていったのです。

ところで**道徳的な行為**とは、どのようなものを指すのでしょうか?

大きく二通りの考え方があります。一つは、**社会によい結果をもたらす行為を指すという考え方**です。たとえばクラスでいじめがあった場合に、いじめられっ子を助けたり、いじめをやめさせたりすることなどは、明らかによいことでしょう。

ところがこうした行為が、じつは推薦入学の判断材料となる内申点を目当てに行なわれていたのだとしたら、どうでしょうか。それでもいいことはいいことだ、と考える人もいるでしょう。けれどもどこか釈然としない、少なくともそれを「道徳的」とは言いがたいのではないか、と感じる人もいることでしょう。つまり、ある行為が道徳的であると言えるためには、ただ結果がよいだけでなく、**よい動機に基づく行為**であることが必要なのではないか、というわけです。これがもう一つの考え方であり、まさにカントはそうした考え方の持ち主でした。**カントによると、行為の道徳性は行為のもたらす結果によってではなく、その動機によって測られる**のです。

では、どんな動機による行為であれば道徳的と言えるのでしょうか。

もちろん不純な動機による行為ではダメです。内申点を上げるためにいじめをやめさせるとか、ジュースを無料で飲むために献血を行なうといった行為は、それがもたらす**利得**を目当てに行なわれているのですから、道徳的とは言えません。困っている人の喜ぶ顔が見たいから被災地支援のボランティア活動をするということも、ダメです。自分にとってよい**結果**が生まれることを期待して行為している点では同じですから。

動機のよさを測るためには、仮に悪い結果が生まれるとしてもそれを行なうのか、と問えばよいでしょう。いじめを制止すると今度は自分がいじめられてしまうとか、ボランティア活動に参加するとかえって偽善者と罵倒(ばとう)されるというように、自分に不利益が生じるとしてもそれをやるのか、と。それでも自分がこれを行なうのは自分にとっての義務なのだから、絶対にやる――。このように考えるのであれば、本物です。つまりカントによれば、結果がどうであれ、**義務であるがゆえにそれを行なう**、というあり方が道徳的なのです。

いま「義務」という言葉を用いましたが、これは誰かから強いられるというものではありません。道徳的な行為とは、自分の**内なる声**に基づいて自律的に行なわれるものでなければならないからです。人間はみずからの意志によって困難な決定をみずからの義務として行なうことができます。カントによれば、それこそが人間の尊厳の根拠なのです。

ところで、このような道徳的行為を導く意志（**善意志**）は、単なる主観的な善意とは明らかに違うものです。なぜなら、「主観的な善意」は人それぞれであり、本人がよかれと思っている行為であっても客観的には「独善」でしかないことが少なくないからです。カントのいう「善意志」とは、道徳の世界で成り立つ普遍的な法則（**道徳法則**）に従おうとする意志を指しています。

そんな法則があるのでしょうか。カントは、あると考えます。そしてそれは「法則」ですから、いつでもどこでも、また誰にとっても必ず妥当する普遍的なものでなければなりません。カントはこの道徳法則を次のように定式化しています。

君の意志の格率が、いつでも同時に普遍的立法の原理として妥当するように行為せよ。

（カント著、波多野精一・宮本和吉・篠田英雄訳『実践理性批判』岩波文庫、72頁）

とても難しい言い方をしていますが、これを思い切って嚙み砕くと、「**誰もが守るべきルールに従え**」と言い換えることができます。

「**格率**」とは、主観的な規則、つまり私的なルールのことです。たとえば「毎朝歯を磨こう」とか「毎日1時間の素振りを欠かさずやろう」といったものです。でも歯の生えていない乳児が「歯磨き」をする必要はありませんし、野球選手でない私が素振りをする必要もないでしょう。だから、単なる主観的な格率は道徳法則とは言えません。万人共通のルールであるような格率を採用せよ、というのです。

　これが無条件の命令になっていることに注意してください。「出世したければ毎朝一番に出社しろ」「愛されたければ愛しなさい」といった命令は、処世訓（しょせいくん）としてはすぐれたものと言えるでしょう。けれども「…ならば〜せよ」という条件つきの命令（カントはこれを「**仮言命法**（かげんめいほう）」と言います）は、まさに条件つきであるがゆえに、普遍的な法則たり得ません。いついかなるケースでも妥当するような道徳上の法則としての資格はないのです。道徳法則は無条件の命令（カントはこれを「**定言命法**（ていげんめいほう）」と言います）でなければならないのです。

　けれども時空を超えて万人が守るべき普遍的行動規範など本当にあるのでしょうか。カントはそうした規範の具体的内容についてはほとんど語っていません。ただ彼が何度か示唆（しさ）しているのは、「**嘘をつくな**」と「**人を殺すな**」という命令です。

　これらに少しでも例外を設けてしまうと、社会の道徳的秩序は蟻（あり）の一穴（いっけつ）のごとくに崩壊してしまうとカントは考えています。だからいついかなる場合にも、嘘をついてはならないのです。**例外はありません。**

　さて、カントの道徳論について、どのような感想をおもちでしょうか。

「厳しすぎる」というのが、多くの方にとっての率直な印象ではないでしょうか。たしかに**「厳格主義」**とも言われるカントの道徳論は、凡人にはついていけないところがあります。そしていっそう問題なのが、これを現実社会において実践すると、かえって**深刻な事態**が起こりうる、ということです。

たとえば屋根裏部屋にユダヤ人を匿(かくま)っているときにナチの秘密警察がやって来て、「ユダヤ人はいないか」と聞かれたら、いったいカント主義者はどう答えるのでしょうか。冒頭で挙げたガン告知の場面もそうです。こうした悩ましいケースにおいて、何のためらいもなくつねに「真実」を語る人を「道徳的」だと言うことには、違和感を覚える人が多いのではないでしょうか。

つまり、**時と場合によってなすべきことは違う**というのが、私たちの現実的な感覚なのです。このように、行為が引き起こす結果によって規範を使い分けるべきだと考える典型的な哲学者が、**功利主義**の祖である**ベンサム**です。

回ベンサムの功利主義

ジェレミー・ベンサム（1748-1832）（図17）はロンドンの裕福な弁護士の長男として生まれ、12歳のときにオックスフォード大学に入学し、文学の学位を取得したのちに21歳で弁護士となった天才です。しかし彼は法律実務家の枠に収まるにはあまりに才能豊かであり、法哲学、政治、社会問題、経済学など多方面に研究を進め、夥しい著作とパンフレットを生涯にわたってひたすら書き続けました。

ベンサムは20世紀になってようやく世界に広まった普通選挙制を18世紀から主張し、また今日でも差別の対象となっている同性愛を擁護するなど、驚くほど開明的な思想家でした。なぜ彼がそうした開明的な主張を行なえたのかというと、それは彼が確立した**功利主義**という哲学的立場から導かれる結論だったからです。

では功利主義（utilitarianism）とは何かというと、それは善悪の基準を有用性（utility）に求める立場です。つまり、**役に立つものこそが望ましい**、という主張です。

もう少し詳しく見ていきましょう。

「善とは何か」という問いは古代ギリシア哲学以来の根源的かつ普遍的な問いですが、これに対してベンサムは、身も蓋もないほどあっさりとした解答を提案しました。**善とは快楽を増す行為のこと**である、と。

図17　ジェレミー・ベンサム

ベンサムによると、人間はみな「快楽」と「苦痛」の二つに支配されています。つまり、誰もが快楽を求めるし、誰もが苦痛を避けようとする、というわけです。なかには鞭で打たれるようなことに愉悦を覚える人もいますが、その場合でも彼は苦痛を求めているのではなく、いささか風変わりな快楽を求めているのであって、快楽を求めているという点に違いはありません。

言うまでもなく、快苦にも程度の差というものがあります。だからこそ、二つの快楽（あるいは苦痛）のうち一方を選ばなければならないときには、人はより大きな快楽（より小さな苦痛）を選んでいるのです。

また、一つの行為が快楽と苦痛の両方をもたらすことも少なくありませんが、そうした場合には、当然ながら快楽と苦痛を天秤にかけたうえで、実行すべきかどうかが判断されます。たとえば人が苦しい受験勉強に耐えるのは、それによって志望校に合格するという、より大きな快楽が得られると考えているからでしょう（図18）。

図18　快楽計算

このように、ベンサムによれば、人は**快楽計算**をしながら生きています。快楽計算は「損得勘定」と言い換えてもいいでしょう。いまからラーメンと餃子を食べるべきかどうか。食べれば満腹感と幸福感が得られる。けれども予算外の出費と超過カロリーの摂取という代償を払わなければならなくなる。さてどうしたものか――。このように、人は損得勘定≒快楽計算をしながら行為の選択をしているのです。

人があらゆる行為決定の場面でつねに厳密な快楽計算をしていると想定するのは非現実的ですが、ある程度そうした計算を行なっていることは間違いなさそうです。事実、ミクロ経済学が企業の投資行動などを分析する際には、こうした計算が行なわれていると仮定されています（この計算をきちんとやらない企業は淘汰(とうた)される）。公共支出の妥当性を検討する費用便益分析なども、損得勘定を精緻(せいち)化したものと言えるでしょう。

ここまで見てきたのは、個人にとっての善とは快楽を増す行為である、という議論でした。では、**社会全体における善**は、どのように考えられるべきでしょうか？

ベンサムは、**「社会」というものはフィクションにすぎない**と考えています。彼によると、本当に存在するのは個人だけであって、「社会」は個人の総和を表す名前にすぎません。したがって、社会全体における善というものもそれ自体で存在するわけではなく、あくまで個人の幸福量の総計として測られます。これが「**最大多数の最大幸福**」という功利主義の有名なスローガンにほかなりません。

「最大多数の最大幸福」とは、「少しでも多くの人が少しでも幸せになること」といった意味です。この考え方によると、10人中1人だけが幸せであるよりは、5人とか8人が幸せであるほうがずっとマシであって、また1人あたりGDPが300万円であるよりは310万円であったほうが望ましい、ということになります（図19）。

もちろん全員が完璧に幸せであればベストなのですが、理想だけを言っても始まりません。ベンサムの主張は、最善か最悪かという二者択一ではなく、**よりよい社会についての客観的な基準**を提示できたという点に大きな意義があるのです。

回功利主義の難点

「振り込め詐欺（さぎ）」のような嘘は決して許されませんが、病魔と戦う患者に希望を与えるような嘘であれば、是認される余地があります。ベンサムによれば、抽象的に善悪を語るべき

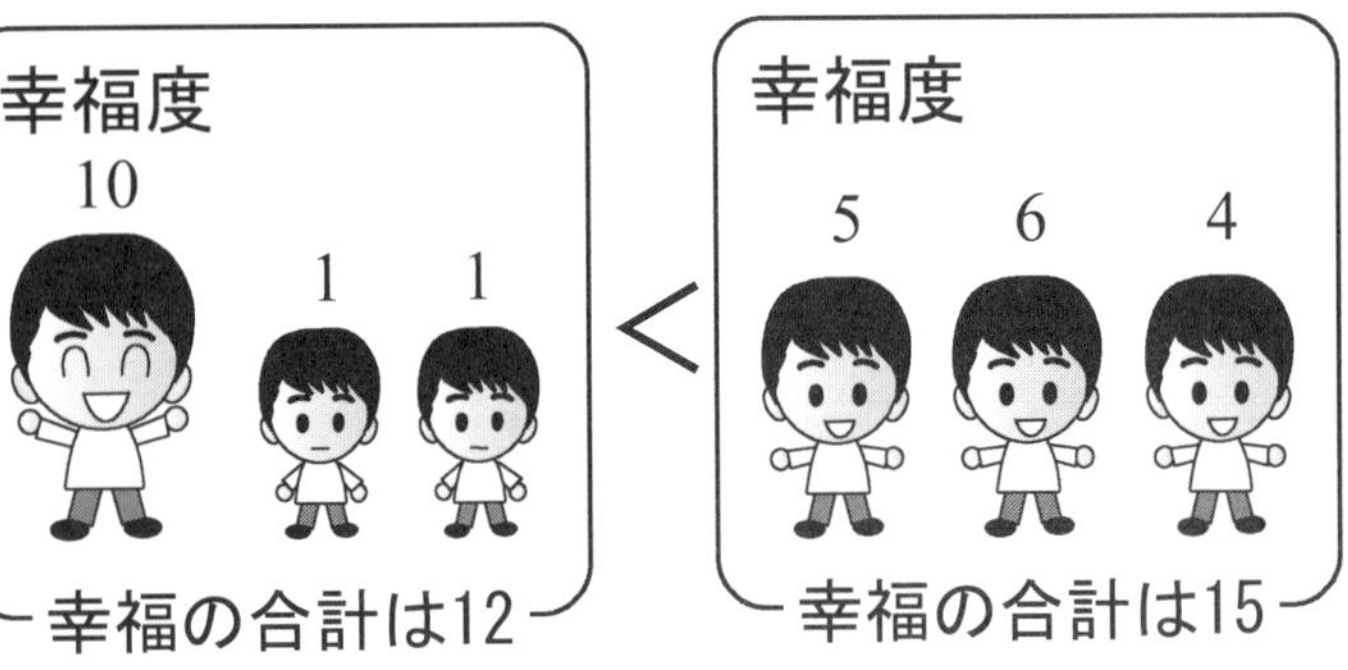

図19　最大多数の最大幸福

ではなく、善悪の判断基準はすべて「最大多数の最大幸福」を実現するかどうかにかかっているのです。

というわけで、いかなる場合にも嘘をついてはならない、というカントに対し、ベンサムは、場合によって嘘は許される、と考えました。多くの方は、このベンサムの議論が穏当なものと感じるのではないでしょうか。

しかしながら、ベンサムの議論にも難点があります。

第一に、**快楽・幸福を客観的に測ることが本当にできるのか**という問題です。金銭であれば話は簡単です（たとえば月給は20万円であるよりも21万円であるほうが望ましい）。けれども、たとえば子どもを授かる喜びと、宝くじで高額当選した喜びを同じモノサシで測れるでしょうか。前者を100とすれば後者は79、のように計量化できるのでしょうか。

ベンサムの後継者である**J・S・ミル**（1806－73）（図20）はこの問題を重視し、快楽の質的違いを考慮に入れた功利主義（**質的功利主義**）を提唱しました。ミルは『功利主義論』のなかで「満足した豚であるより、不満足な人間であるほうがよく、満足した馬鹿であるより不満足なソクラテスであるほうがよい」という有名な言葉を残し、いったん高級な快楽を覚えるならば、人はみな質的に高い快楽を求めるようになるはずだとして、それこそが真の幸福だと論じました。

第二に、功利主義の原理には**個人の権利を否定しかねない**面があります。

功利主義が目指すのはあくまで社会（＝諸個人の総和）の幸福量を最大化することです。したがってこの原理によれば、多数者のために少数者が犠牲にされる事態が正当化されかねないのです。

たとえば、ここに心臓病と肝臓がんと腎臓がんの患者がいます。彼らの臓器が回復する可能性はゼロですが、移植さえすれば必ず助かるとしましょう。その場合に、くじで選ばれた健康な若者1人に犠牲になってもらい、各臓器を移植するようなことが許されるか、といった問題です。もちろんこんなことが許されるはずはありません。でもたった1人の犠牲で3人も助かるのですから、功利主義の原理はこれを是認しかねないのです。

これは極端な例ですが、特定の県に外国軍基地が集中してしまったり、少数民族が抑圧されたりと、現実社会でも本質的に同様のことは起こっているのです。

功利主義の原理はわかりやすいものですが、一部の人に深刻な犠牲を強いることで多数者

図20　J.S. ミル

の幸福を実現するということは、今日の価値観から見て許されないでしょう。**徹底したカント主義と同様、徹底した功利主義も採用しがたい**ものなのです。

回まとめ

功利主義の原理は、いわゆる「**嘘も方便**」という格言に対応しています。もちろん一般論としては、嘘をつくことは悪いことですが、人を救うための嘘といったものは、たしかにありうるのです。

では、経済恐慌や原発事故、あるいは戦時中のような非常時において、国民のパニックを防ぐために国家指導者が「国民のみなさま、ご安心ください。いっさい心配する必要はありません」と「嘘」をついたとすればどうでしょうか。国民を欺くわけですから、基本的には好ましくないに決まっています。けれども人間はパニックになると非合理的な行動を起こしてしまう動物です(オイルショック時の買い占め騒動のように)から、正直に真実を伝えることで国民の生命や安全に危機をもたらすよりは、嘘をついてでも社会的安定を保つことを選ぶという政治的判断は、あり得ないわけではないでしょう。

ただし、これによって国民の政府への信頼が揺らいだり、疑心暗鬼を招くようでは、元も子もありません。それに、歴史を振り返れば、国家は「国民のため」といった名目で国民を欺き、結果として国民に取り返しのつかない犠牲を何度も強いてきました。「嘘も方便」という発想は、それなりの「**副作用**」**をも覚悟しなければならない**ものなのです。嘘を例外として認めた場合に起こりうる事態としてカントが懸念していたものは、まさにこうしたことだったのです。

結局のところ、カントとベンサムのいずれが正しいかという問いに対しては、**両者ともに真実を言い当てていた**、ということになるでしょう。「嘘をついてはならない」という原理にこだわりすぎると、かえって不都合な事態を招くことがあります。でも「場合によって嘘は許される」という立場をとると、例外が際限なく拡張されかねません。要するに、カント主義と功利主義という二つの原理は、ともに完全無欠のものではないのです。

単一の原理で、すべての問題を解決することはできません。私たちは相容れない原理をうまく使い分けながら、日々を生きていくしかないのです。

◎カントは、道徳の原理に例外を設けることを拒否した。
◎ベンサムは、道徳は結果の善し悪しで判断されると考えた。
◎私たちは、カントとベンサムの道徳論をうまく使い分けるしかない。

第6章 自由意志は存在するか【エラスムス、ルター、スピノザ、カント】

大人は、みずからの行為に責任を負わなくてはなりません。特別な理由もなしに人を殴ったり傷つけたりする者は、非難され、処罰されることでしょう。そうしないで済むにもかかわらず、敢えて悪を選んだとみなされるからです。その逆に、自分の身の危険も顧みず、3000人ものユダヤ人の命を救った杉原千畝(ちうね)のような人は、賞賛されます。多くの人には実行できない善を選びとったとみなされているからです。

このように、私たちの世界の道徳や法制度は、人間がみずからの意志によって行為するものだということを前提としています。そして自分の行為をみずから決定するこの意志のことを、哲学用語で「自由意志」と言います。

ところが、この自由意志が存在するということは、それほど自明のことではありません。赤ん坊が障子に穴を開けても、道徳的責任が追及されることはないでしょう。自由意志に基づく悪事の遂行とはみなされないからです。心神喪失の状態にあると認定された者が行なった加害行為なども、責任能力がないとして、処罰の対象にはなりません。つまり、私たちの社会では自由意志をもたない者がいるとみなされているのです。

また、普段は「自由意志」に基づいて正常に自分を律している人であっても、酔っ払ったり疲労したり、精神的に追いつめられたりすると、正常な判断力を失ってしまいます。つまり、正常な人であっても、自由意志はつねにうまく作動するとは限らないのです。

さらに身も蓋もないことに、近年では、人間の意志的行為は神経伝達物質セロトニンの分泌量などによって科学的に解明できるという議論も有力になりつつあります。要するに、形而上学的な哲学概念としての自由意志をすべての人間が持ち合わせているという近代思想の前提は、かなり疑わしいものとなっているのです。

とはいうものの、今日でも人は自由意志をもって行為するという見方が有力であることには違いありません。本章では、哲学史において自由意志がどのように論じられてきたのかを概観してみましょう。

回 エラスムスによる自由意志の擁護

自由意志という概念が成り立つためには、人間が神や物理法則といったものにがんじがらめにされているのではなく、みずから何ごとかをなしうる存在であるという前提が必要です。その点で、神の絶対的権威と人間の卑小さが強調された中世ヨーロッパにおいては、自由意志が強調されることはあまりありませんでした。

ところが14世紀くらいからルネサンスが始まり、状況が次第に変わっていきます。**ルネサンス**とは、古代ギリシアや古代ローマにおける文化を復興させようという運動のことです。古代ギリシアや古代ローマにあっては、人間のありのままの姿が賛美されていました。当時の彫刻作品などでは、文字どおり裸の人間が美しく造形されており、叙事詩などの文学作品でも、運命に抗う力強い人間が褒め称えられています。これをもう一度蘇らせようというのがルネサンスでした。神の前にひざまずき、ただひたすら受動的に生きるのではなく、**みずからの意志で運命を切り開く人間像が理想とされる時代となった**のです。

このルネサンス期最大の知識人と言えるのが**エラスムス**（１４６９－１５３７）（図21）です。

エラスムスはオランダに生まれ、フランス、イギリス、イタリア、スイス、ドイツなど全ヨーロッパを股にかけて活躍した人物です。彼は司祭の資格をもつ神学者でしたが、それ以上に**ユマニスト**で

図21　エラスムス

した。ユマニストとはルネサンス期に古典研究に携わり、神学的見地にとらわれず、ありのままの人間を見つめ、それを尊重しようとした人々のことを指します。今日のヒューマニスト（人道主義者）の先駆をなす人々と言ってよいでしょう。ユマニストたちに共通するのは、**人間を尊厳ある存在として褒め称え、その尊厳の根拠としての自由意志を擁護した**という点です。

なぜ自由意志が人間の尊厳の根拠となるのでしょうか？

それは、自由意志をもたない存在について考えてみればわかります。たとえばライオンがウサギを噛み殺したら、これは邪悪な行為でしょうか？　もちろんそんなことはないでしょう。殺されたウサギはかわいそうですが、ライオンはそうやって生きていくほかないのですから。このライオンは善でも悪でもありません。ただ必然性のなかを生きているだけです。昆虫を殺戮（さつりく）しながら生きているウサギについても同様のことが言えます。

ところが人間は様々な選択肢のなかを生きています。同じ状況に置かれても、身を挺（てい）して人助けをする人もいれば、他人を陥（おとしい）れて平気でいられるような人もいるのです。

この点を、エラスムス以前のユマニストである**ピコ・デラ・ミランドラ**は次のように述べています。

おまえ（人間）は下位のものどもである獣へと退化することもできるだろうし、また上位のものどもである神的なものへと、おまえの決心によって生まれ変わることもできるだろう。

（ピコ・デラ・ミランドラ著、大出哲・阿部包・伊藤博明訳『人間の尊厳について』国文社、17頁）

運命や物理法則に従うだけの行為であれば、非難も賞賛もされません。ただ人間だけが、自由意志によって道徳的な行為をなしうるのです。これこそが人間の尊厳の根拠だというのです。

エラスムスがとったのも、これと同様の立場でした。

もし善悪の区別や神の意志が人間に対して秘められているのであったなら、誤った選択をしてもその責めを帰せられることはないであろう。もし意志が自由でなかったなら、罪が帰せられることはなかったであろう。もし自発的のものでなかったなら、それは罪であることをやめるからである。

（エラスムス著、山内宣訳『評論「自由意志」』聖文社、23－24頁）

エラスムスは全能の神を深く信仰しています。にもかかわらず、人間の自由意志は依然として重要であると考えました。というのも、もし人間に自由意志がないのだとすれば、人間は、自分に帰せられるはずもない功績や罪状によって、天国に召されたり地獄に落とされたりするということになってしまうからです。

エラスムスによると、神は万人に対して無差別に恩寵（おんちょう）（＝愛）を与えてくれるものです。ところが、この恩寵に誠実に応答することのできる人とできない人の区別はたしかにあり、これこそが天国に招かれる者とそうでない者との違いということになるのです。というわけで、**エラスムスにおいては、神の恩寵に応えうる自由意志こそが信仰における核心でした。**

ところが、このエラスムスの自由意志論に対して、苛烈（かれつ）な批判を浴びせた人物がいます。それが宗教改革の指導者ルターです。

◎ルターによるエラスムス批判

ルター（1483-1546）（図22）はエラスムスより17歳年下の神学者で、34歳のときに有名な「**95箇条の論題**」を発表して宗教改革の狼煙（のろし）をあげ、キリスト教世界をカトリックとプロテスタントへと二分させるきっかけをつくった人物です。

図22　ルター

当時のカトリック教会では、購入者の罪を軽減する**贖宥状**（免罪符）が広く販売されていました。言うまでもなく、絶対的な神に対する内面的信仰を重んじるキリスト教の本来のあり方からすれば、明らかな逸脱と言わなければなりません。ところが当時のカトリック教会は、各地で徴税権をもつなど、人々の内面を支配するだけでなく、世俗的にも絶大な力をもつ権力機構となっていました。もともと教会は、ローマ帝国の激しい弾圧にもかかわらず真摯に神を信じる人々が身を寄せ合う純粋な信仰共同体だったわけですが、覇権を握り、支配力を強めるにつれ、すっかり緊張感を失って腐敗してしまっていたのです。

そんな時代に現れ、信仰の純化とキリスト教の原点回帰を説いたのがルターでした。かねてから教会の腐敗を批判してきたエラスムスは、こうしたルターのことを当初好意的に見ていたようです。けれどもこの二人は、のちに自由意志をめぐって鋭く対立してしまいます。**自由意志を擁護したエラスムスに対して、ルターが断固これを否定した**からです。

ではなぜルターは自由意志を否定したのでしょうか？

ひとことで言えば、**全能の神に対し、人間はその被造物にすぎない**からです。ルターによると、人間はいわば神の「奴隷」にすぎないのであって、その奴隷が全能の神のつくり出した世界を変えることなどできるはずがない、というわけです。

いかなる人もおのれのわざによっては何ものをもおのれの義のためにもたらすことはな

い、ということは明白であり、また自由意志のいかなるわざ、いかなる熱心、いかなる努力も神のみ前には何ごともなしえず、むしろ一切が不敬虔で不義で邪悪だと判断される、ということも、また明白である。

（ルター著、松田智雄編「奴隷意志論」『世界の名著23』中央公論社、242‐243頁）

でも、私たちには何かしら自由意志のようなものがあると感じられるのではないでしょうか？　カレー屋に入ってメニューを眺めているとき、私たちはキーマカレーを注文するかチキンカレーを注文するかを「自由意志」によって選び取ることができるのではないのでしょうか？

それはそのとおりです。でも言うまでもなく、カレーの選択は、人間の救いには何の関係もありません。靴を右足から履くのか左足から履くのかというのと同様に、どうでもいい瑣末なことです。それは道徳的な善悪を決めるものではなく、わざわざ「自由意志」と呼ぶ必要もないでしょう。問題は、**巨大な必然性の波を人間の力で変えることができるかどうか**、なのです。

エラスムスは、激しい嵐に見舞われた船乗りが危うく難を逃れた例を挙げ、この場合に船乗りは「神のおかげで救われた」と言うであろうが、それでも船乗りの技術と努力が重要な役割を果たしていたはずだ、と言います。けれどもルターはそれに対し、自由意志の有無は、船乗りが神の力なしに独力で難を逃れることができるかどうかにかかっている、と反論します。

ルターにとっては、すべてが神によって支配されていると認めることが信仰の核心なのであって、自由意志という概念はそれを損なってしまうものとみなされたのです。

回 スピノザによる自由意志の否定

西洋近代思想の強い影響下にある私たちにとっては、人間が自由にみずからのあり方を決めることができるという見方はきわめて自然なものと感じられます。けれども、ルターのように、こうした見方を否定する主張は、思想史においては決して珍しいものではありません。個々人の意志を超えた必然性が作用しているということを強調する哲学者として、ここではもう一人、大陸合理論に位置づけられるスピノザに登場してもらいましょう。

図23　スピノザ

スピノザ（1632-77）（図23）は、デカルト的な物心二元論を否定し、実体は神だけであるという**汎神論**（はんしんろん）的一元論を説いた哲学者です。

哲学で言う「**実体**」とは、「他のものに依存せずに、それだけで存在するもの」を意味しています。だとすると、デカルトは「精神」と「物質」を実体としましたが、これは実体の定義に反することになります。なぜなら精神も実体も神に依存するものだからです。こうしたことからスピノザは、**本当の意味での実体は神だけ**だと論じました。

では、精神や物質は何なのでしょうか？　スピノザの見解では、それらは神の現れにすぎません。そして私たちが知っているすべては精神的なものであるか物質的なものであるかのいずれかですから、結局、**この世界のすべては神の現れ**ということになります（図24）。

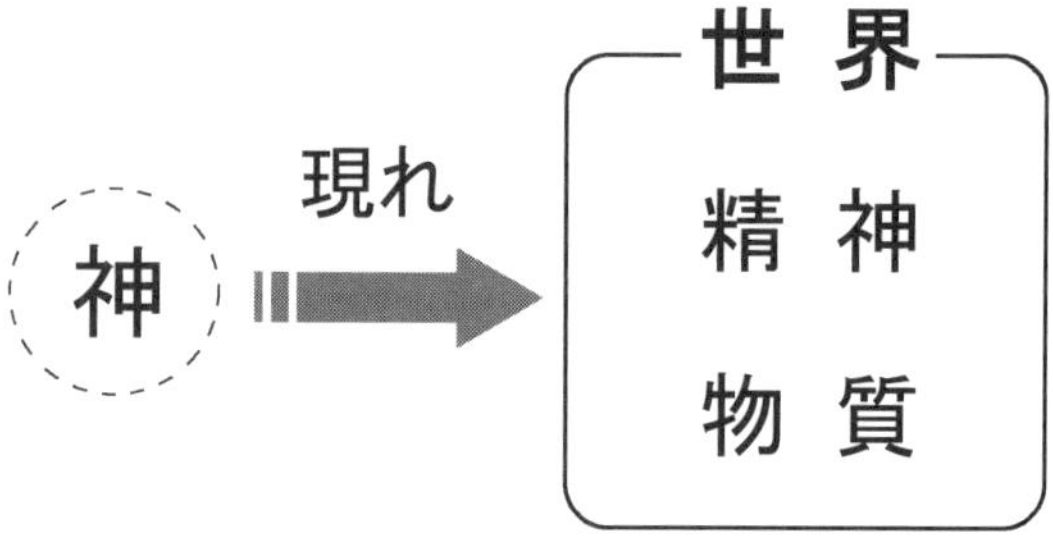

図24　世界は神の現れ

そんなわけで、スピノザによると、神は世界の外のどこかに存在するものではなく、世界そのものなのです。もちろん私たち人間一人ひとりも、神の現れということになります。したがって、人間の臓器や時計の歯車がみずからの意志で勝手に作動することがあり得ないのと同様に、**神の現れにすぎない人間が自由意志をもって行為するということはあり得ません。**

スピノザは神の全能性を強調し、この世界のすべてを神の業（わざ）として捉えました。しかしながら、彼の考える神がユダヤ教およびキリスト教正統学説によって想定されていた**人格神**とかなりかけ離れたものであったことは間違いありません（彼はユダヤ教から破門の憂き目にあい、レンズ磨き職人として孤独な生涯を送りました）。

要するに、**スピノザの考える神は物理法則のようなものだった**のです。物理法則は、石ころから人間に至るまで、この世界のありとあらゆるものを完全に支配しています。どこにも例外はなく、完璧に世界に貫徹しており、しかも誰が生み出したものでもなく、永遠に存在し続けると見られるものです。スピノザの考える神は、このようなものでした。

世界の秩序の源を「物理法則」と呼ぶか、それとも「神」と呼ぶかは、大した問題ではないのかもしれません。いずれにせよ、スピノザは、今日の自然科学と同様の見地から、**人間が何かしら大いなるものによって完全に支配されている**ということを強調したのです。

でも、これで自由意志についての問題はすっかり片づいてしまうのでしょうか。

たしかに、意志や努力によってはどうにもならないことが多いというのは、否定できない事実であるように思われます（どれほど努力したとしても、私がいまからアイドル歌手になれる可能性はないでしょう）。とはいうものの、今日の自然科学者といえども、人間の主体性といったものを全面的に否定する人はほとんどいないでしょう。私たちは日々の生活において、社会的に責任を問われたり、自分の生き方に反省を迫られたりしながら生きています。だから、人間が能動的に何かをなしうる存在であるという発想がただの錯覚だと言われても、なかなか容易には納得できないのです。

一方で私たちは必然性の世界を生きており、他方で自由に何ごとかをなしつつ生きています。こうした私たちのなかば矛盾する直観は、いずれかが間違っているのでしょうか。この点についてクリアな解答を与えてくれるのが、第5章で見た**カント**です。

回カントの人間観

人間は物理的な因果法則に縛られた存在なのか、それともみずからのあり方を自由に決められる存在なのか。この問いに対して、カントはそのいずれでもあると考えます。**人間は二重の性格をもった存在**だというのです（図25）。

カントによると、人間は「**感性的存在**」だとされます。カント独特の難しい言い回しですが、さしあたり身体をもった物理的存在という意味だと理解していただければいいでしょう。

神や天使とは異なり、人間は身体をもっています。それゆえに、食欲や性欲などの感性的欲望をもって生きており、また物理法則には一〇〇％従属せざるを得ません。その意味で人間は動物や石ころと何ら変わらないのです。

ところが、人間は同時に「**理性的存在**」でもあります。これは、みずから善を意志し、その実現のために努力できるような存在だという意味です。人間は、神や天使のようにつねに善を実現できるわけではありませんが、善に向けて自分を正しく導くことも可能だというのです。

というわけで、人間は石ころと同様に一〇〇％物理法則に従属する存在であるにもかかわらず、同時に善の実現を目指す存在でもあります。でも**善を意志するということができるためには、自然界の必然性を打ち破る自由意志というものがなければなりません**。したがって、現に善を意志しつつ生きている人間には、自由意志があると想定せざるを得ない、というのがカントの議論です。

でも人間はつねに善を目指しているわけではないのではないか、と反論する人もいるでしょう。そのとおりです。たしかに人間はつねに善ばかりを目指しているわけではありません。日々私たちは大小様々な悪事をなしつつ生きています。でも私たちがある事柄を「悪事」として位置づけているということ自体が、私たちが善を目指している証拠なのかもしれません。もしすべてが必然なのであったなら、いっさ

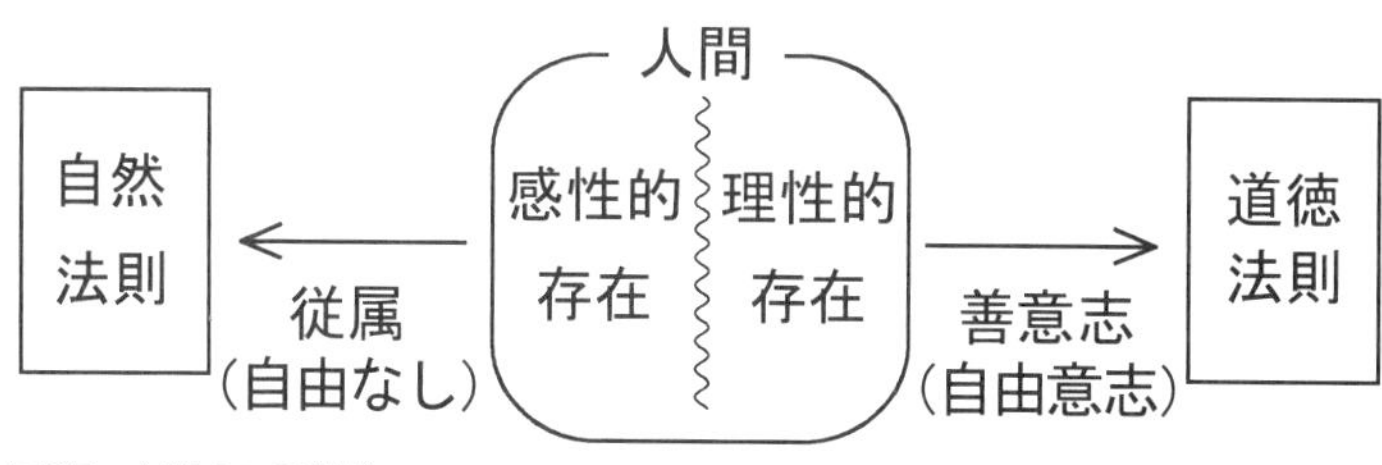

図25　人間の二重性格

いの出来事は起こるべくして起こるわけであって、「善」も「悪」も成立する余地はないでしょう。ついついネットサーフィンで時間を浪費してしまっても後悔する必要はないはずですし、殺人を犯した者に対して厳罰を加えるべき理由もないことになるでしょう。

私たちの社会では、意志の力によって何かを成し遂げた人は賞賛を集めます。また逆に悪事をなした人に対しては譴責（けんせき）や非難、場合によっては刑罰が与えられます。これは明らかに、私たち自身が人間の自由意志というものを信じていることの証しと言えましょう。カントの議論は、そうした私たちの直観を哲学的に正当化しているのです。

回まとめ

カントの議論にも難点はあります。

たとえば、自分が自由であると思っている人も、じつは操（あやつ）られているだけなのではないか、というスピノザ的な問いに対し、カントの道徳論はうまく答えることができません。自分が自由であると感じるということと、その人が完全に操られているということは、明らかに両立可能です。じつは私たちは、邪悪な教祖によってマインドコントロールを受けた教団員と同じように、自由意志があると思い込まされているだけなのかもしれないのです。

また、私たちは「あの人は意志が強い」といった言い方をします。もちろんこれは賛辞なのですが、もし意志の「強さ」に個人差があるのであれば、自由意志とは、「スイスの海軍」や「江戸幕府の埋蔵金」などのように、存在するか存在しないか二つに一つのものではなく、むしろ年収や体力などと同様に、量や程度が問題にされるべき概念だということになります。つまり、**「自由意志は存在するか」という問いは、そもそも問題設定として誤っていた**のかもしれません。

さらに、冒頭でも紹介したように、自由意志はかつてもっぱら哲学によって論じられてきたのですが、今日では神経生理学などによって科学的な解明がかなり進んでおり、哲学に固有のテーマとは言いがたくなってきています。

もっとも、自由意志が完全に否定されることは、少なくとも当面はないでしょう。というのも、自由意志の概念は、人間が動物などと明らかに一線を画する、特別な尊厳ある存在であると言える根拠とみなされているからです。また宗教や刑法学などにおいて決定的に重要な「責任」概念が意味をなすためにも、自由意志の概念は欠かせません。たしかに、重度の脳性麻痺や認知症、それに脳死問題などを真剣に考えるとき、自由意志の概念は修正を余儀なくされることでしょう。そこに程度の差を認めることも必要になるでしょう。けれども**人が自由意志をもつということは、数千年にわたって人類が漠然と抱いてきたコンセンサス**なのです。そう簡単に覆(くつがえ)ることはないでしょう。

◎エラスムスらは人間が自由意志をもっていると論じた。
◎ルターやスピノザらは、自由意志は根拠がないと論じた。
◎カントは人間だけが必然性を超えられる独自の存在だと論じた。
◎自由意志論には難点があるが、私たちの社会ではその存在が前提されている。

第7章 やりたい放題が自由なのか？【ヘーゲルの自由論】

突然ですが、自由とは何でしょうか。

すぐに思いつく答えは、「好きなことができること」といったものでしょう。たとえば政府への批判的言論が厳しく禁じられているときに、私たちは「不自由」だと感じます。また団体旅行中に好きなところに行くことが認められる時間帯を「自由時間」と言います。このように、**自分たちを縛るものがない状態**のことを、私たちは一般に「自由」と呼んでいるのです。

ところが、「自由」にはこれと明らかに異なる意味もあります。第5章、第6章で取り上げたカントの自由論がその典型で、彼は自由の本質を「**自律**」に求めているのです。

食べたいときに食べ、寝たいときに寝る、というように、欲望の赴くままに生きることは、本当の意味で自由と言えるのでしょうか。少し考えればわかるとおり、こうした気ままで野放図な生き方をしていては、どこかで破綻を迎えることでしょう。成績が下がるとか、会社をクビになるとか、妻子に捨てられるとか。

というわけで、カントによれば、ただ好きなように生きることは自由と言えません。**自由は、理性的に自分を統御し、自分がなすべきことを毅然と行なうときに成立する**のです。

たしかに、スナック菓子を我慢してストイックにジョギングや筋トレを続けることでダイエットに成功すれば、大きな達成感が得られるでしょうし、そのとき人はたしかに「自由」を感じることができるに違いありません。人はどうしても易(やす)きに流れるものですが、それに立ち向かって自分の弱さを克服するときに、人は真の自由を獲得できるのです。

さて、本章で扱うヘーゲルは、もともとは以上のようなカント哲学に心酔していました。けれども彼は次第にカント哲学の限界を感じるようになり、それとはまったく異なる壮大な哲学体系をつくり上げ、近代哲学の最高峰となったのです。本章で扱うのは、そんなヘーゲルの自由論です。

回 ヘーゲルとは？

G・W・F・ヘーゲル（1770－1831）（図26）は、ドイツ南西部のシュトゥットガルトで生まれ、神学を学んだあとに哲学に転向し、家庭教

図26　G.W.F. ヘーゲル

師や新聞編集者をしながら地道な研究を続け、とうとうベルリン大学の総長にまで登りつめた人物です。

ヘーゲルはカントを先駆者とするドイツ観念論の大成者であると同時に、間違いなく西洋近代哲学を極点にまで引き上げた哲学者であります。その影響力は圧倒的で、巨峰としてそびえるヘーゲル哲学をいかに乗り越えるかというのが19世紀以降の西洋哲学の課題となったと言っても過言でありません。キルケゴールの実存主義やマルクスの唯物史観などは、いずれもヘーゲル哲学との徹底的な対決によって生み出されたものです。

ではヘーゲルは具体的にどんな議論を展開したのでしょうか。

回「わたし」から「わたしたち」へ――共同体で実現する自由

先ほどカントの自由論について簡単に説明しました。みずからを理性的に律することができるときに、人は自由になれる、というものです。ところがヘーゲルによれば、こうした自由はしょせん個人的な自由にすぎません。**ヘーゲルが考える真の自由は、単に個人の心の内面で成立しているものではなく、共同体において具現化されるべきもの**なのです。

なぜここで「共同体」が出てくるのかというと、それは、**一人では真の自由を実現することができない**からです。

たとえばあなたが無人島にたった一人で流されたとしましょう。それは小さな島ですが、幸いなことに食べ物には困りません。気候もよく、危険な動物などもいないようです。そこではあなたの行為を縛る者は誰もおらず、何をするのも完全に「自由」です。

でも、たいていの人はそんな生活を望みません。友人がおらず、家族もいない。そんな完璧に孤独な状態に心からの喜びを感じられるのは、かなり例外的な人だけでしょう。

つまり、**人は本来、他者とともに生きることを望む存在**なのです。これはかつて、アリストテレスが「人間はポリス的（社会的）動物である」という言葉において言いたかった事柄にほかなりません。他者とともに共同体をつくり、そこにおいて喜びや悲しみを分かち合いつつ生きる。これが人間の本来の姿なのです。

当然のことながら、社会生活のなかでは様々な摩擦や軋轢（あつれき）が生まれます。学校のクラスでも夫婦間でも、喧嘩（けんか）はほとんど避けられません。でもそれを乗り越えて生きるなかで、人は本当に心からの喜びを獲得できるものなのです。そしてヘーゲルによれば、こうしたときに人は真の自由に到達できるのです。

たとえば一人でプラモデルを作ったとしましょう。彼はその見事な出来栄えに静かな喜びを感じるかもしれません。でもそれはあくまで「わたし」の個人的な喜びでしかありません。これに対して、学園祭におけるクラスの出し物などを考えてください。言い争いや喧嘩などもしつつ、とにかく最後には一丸となってこれをやり遂げたとしましょう。誰もが多かれ少なかれこうした経験をもっていると思いますが、仲間とともに何かをやり遂げた喜びというものは、何ものにも代えがたいものです。そこでは「わたし」の個人的な喜びをはるかに凌駕（りょうが）する「わたしたち」としての喜びが生じています。それまでになかった**「わたしたち」という意識**が成立しているのです。

じつはプラモデル製作の喜びにしても、完成品を人に見せて褒められたい、ネットに写真をアップして賞賛されたい、といった契機が含まれているかもしれません。つまり、一見すると個人的な喜びを求めているようなときであっても、じつは他者を求め、**他者からの承認**を願っていることが少なくないのです。

このように、人は共同体において他者とともに生きるときに、はじめて真の自由を獲得します。では、いかなる共同体において真の自由は実現するのでしょうか。これを主題的に論じたのが、**『法の哲学』**という著作です。

『法の哲学』という著書名を聞けば、誰もが法律についての哲学的考察だと思うことでしょう。でもここで言う「法」は、制定法としての「法律」よりもはるかに広い意味をもっています。

ドイツ語で「法」を表す〝Recht（レヒト）〟は英語の〝right〟に相当し、これは「正しさ」全般を表しています。だから**ヘーゲルの『法の哲学』は、「正しさ」について根源的な考察を加えたもの**なのです。

ではヘーゲルは「正しさ」をどのように把握したのでしょうか?

結論から言えば、ヘーゲルは真の「正しさ」を「**人倫**（Sittlichkeit）」として把握しています。ドイツ語のSittlichkeitは「倫理」と訳すことも可能ですが、ヘーゲルの場合、これを「道徳（Moralität）」とはっきり区別している点が大事です。「道徳」が内面的な心の「よさ」を表すのに対し、「人倫」はそうした**「よさ」を現実化するための客観的な社会制度**のことなのです（図27）。

あるいはまた、人倫の内実を「**法と道徳を統一した客観的な自由**」と説明することも可能です。

「道徳」は「わたし」において成立する内面的な心の「よさ」です。これは自由を「自律」として把握したカントの立場にほかなりません。けれどもヘーゲルは、先ほども見たように、「わたし」の主観的な自由は低次の自由にすぎないと考えました。共同体に生きるわたしたちは、他者との豊かな関係なしには生きられないからです。

そこで求められるのが「法」です。ここで言う「法」は**人間を外か**

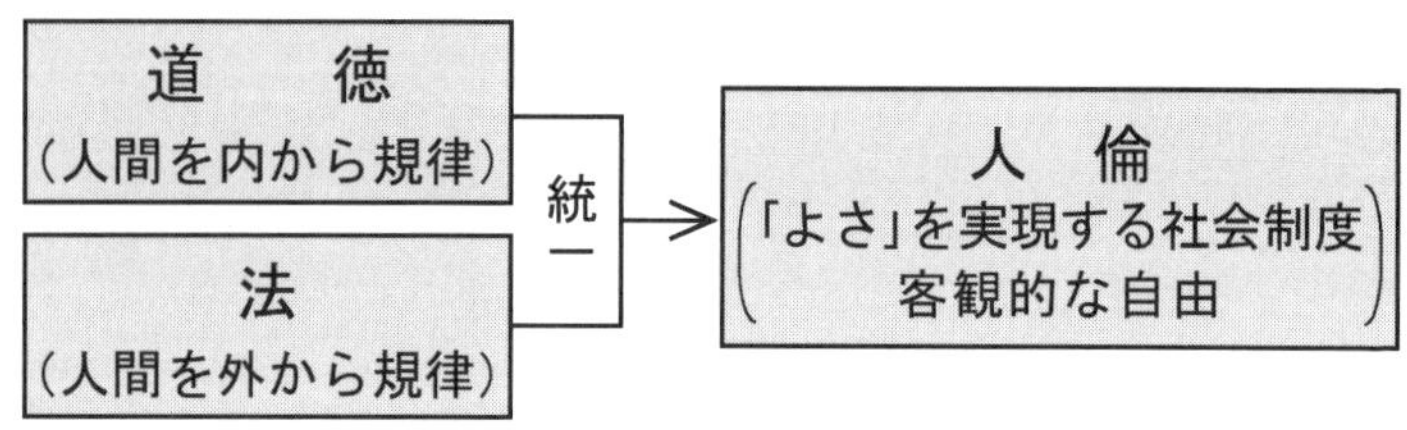

図27　人倫

ら縛るもののことで、内から縛る「道徳」と区別されます。

人々が道徳的に生きる、つまり「内なる声」に従って生きるのは大切なことです。でも「内なる声」の内容は人によって違います。自分の身を犠牲にしてでも、キリスト教徒を多く殺害することが自分の義務である、などと考える人もいます。誤解を恐れずに言えば、こうしたテロリストはきわめて「道徳的」なのです。でも客観的に見れば、もちろん彼らはテロリストにすぎません。

だから、**「道徳」だけでは、本当の「正しさ」は実現しない**のです。社会における「正しさ」を実現するためには、刑法や道路交通法などのように、人々を共通ルールによって拘束する「法」が欠かせないのです。

というわけで、法と道徳は、人間を外的に縛るのか、内的に縛るのかという点で、まったく方向性が異なっています。つまり**矛盾**しているのです。でもヘーゲルの見地では、この二つは決して二者択一のものではなく、統一されなくてはなりません。このように矛盾を統一することを**止揚**（Aufheben アウフヘーベン）と言い、矛盾の統一による発展というダイナミズムこそが、ヘーゲル哲学の最大のキーワードである「**弁証法**」にほかなりません。

回弁証法とは

ここでいったん立ち止まって、弁証法について少し説明しておきましょう。

弁証法（Dialektik／ディアレクティーク）とは、**あらゆるものを運動において把握すること**、と説明できます。これは思考のプロセスであるとともに、客観的世界で現に生起している事柄でもあります。世界に固定的なものは一つとしてなく、またそのように世界を把握しなければならない、というわけです。

さて、弁証法において決定的な要素が「**矛盾**」です。

西洋哲学では、一般に矛盾はあってはならないし、またあり得ないものであると考えられてきました。たとえば私がもし男であるならば、同時に女であるということはあり得ません。それは矛盾しているからです。また「丸い三角」というのも、矛盾しているがゆえに、存在し得ません。

ところがヘーゲルは、矛盾は現に世界に存在しているし、それどころか不可欠であると考えます。なぜなら、**世界には運動と発展があり、その原動力こそがほかならぬ矛盾であるか**らです。

たとえば青年は、「子ども」であると同時に「大人」でもあるという矛盾した存在です。身体的には立派な大人ですし、電車でも大人料金の支払いが求められます。ところが精神的にはまだ大人とは言いがたいし、経済的にも大人（保護者）に依存しています。政治的にも、18歳になるまでは選挙で投票することも許されません。こうした矛盾を抱えているという点が青年期の特徴なのですが、しかし、だからこそ青年はその矛盾を解消すべく、葛藤しつつ成長するのです。

また、たとえばデフレ脱却と財政再建なども両立の難しい、ある意味で矛盾した政策課題です。ほかにも仕事と家庭、遊びと勉強、義理と人情などなど、わたしたちが両立に苦しむものには事欠きません。これらは一方を選び、他方を捨てるべき事柄なのでしょうか。そうすべきだと主張する人もいるでしょうが、何とか折り合いをつけ、両立すべきだと考えるのが普通でしょう。

ヘーゲルも同様で、**対立物の統一が必要**だと説くのです。このように対立物を統一し、矛盾を克服することを「**止揚**」と言います。そうした統一と止揚のプロセスによって、青年は大人になり、旧体制は新体制へと変革し、歴史は発展していくのです（図28）。

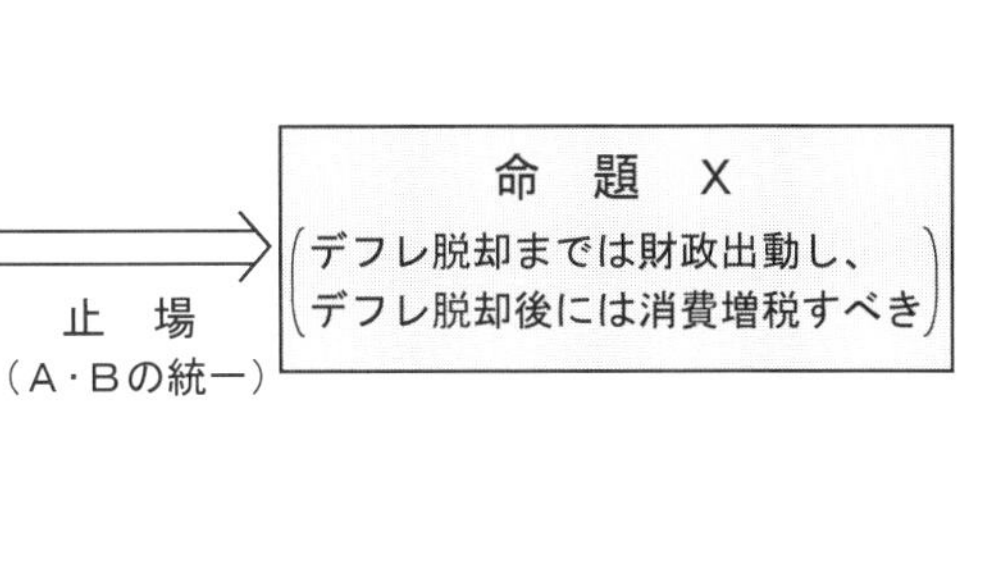

図28　弁証法

プラトンやカントらには、理想的なものを静的・固定的に把握する癖があります。これに対してヘーゲルは、理想と現実を固定的な関係で捉えるのではなく、**現にあるものが矛盾の止揚というプロセスを経ながら動的に発展していくものとして把握する**のです。

『法の哲学』において「法と道徳が統一される」というのは、以上のような弁証法的な意味にほかなりません。カントはあくまで内的な道徳にこだわりましたが、ヘーゲルから見れば、それは反抗期の若者や怒れるテロリストと同様の、未熟な論理にすぎないのです。

回 成長する共同体——人倫の弁証法

ところで、「法と道徳が統一される」というのは、具体的にどういった事態なのでしょうか。これは**組織が有機的に機能している状態**をイメージしてもらうといいでしょう。つまり集団としての方向性と個々の成員の意思が一体となっている状態のことです。先ほどの例をもう一度出すと、学園祭に向けてクラスが「一丸（いちがん）となっている」ような状態です。クラスとしての決定はいわば「法」であり、クラスの各メンバーの意思が「道徳」です。これらが同じベクトルを向けば強い力が発揮されることでしょう。逆にメンバーがバラバラであれば、出し物も失敗に終わってしまうに違いありません。

このような事情は、企業であれ政党であれ軍隊であれ、あらゆる組織に共通しています。つまり、**人は共同体のなかではじめて真の自由を獲得できる**のです。
そしてヘーゲルは、真の自由が実現される場としての人倫が、それ自体また、**①家族、②市民社会、③国家**という3段階で展開すると論じています。

①家族

人は共同体をつくる動物ですが、共同体のなかでも最も基本となるのが**家族**です。家族はいつの時代にもありましたし、動物でさえ家族をつくる種は無数にあります。そんなわけで、最も基本的な人間共同体という意味で、ヘーゲルは家族のことを「自然的人倫」とも呼んでいます。

ヘーゲルによると、家族を結びつける原理は「**愛**」です。愛によって家族は結合しているのです。たしかに、もともと赤の他人であった夫婦をつなぎとめるよすがとなるものは「愛」でしょうし、親の子に対する愛は、それはもう理屈抜きの絶対的な感情です（筆者も人の親になってこのことを実感しました）。

では家族において人間の自由は完成するのでしょうか？　残念ながら、そうはいきません。なぜかというと、**家族においては個人の独立性がない**からです。とくに子どもは、家族において親に決定的に依存しています。もし子にとって家族が居心地のいいものだとしても、そこには本当の自由はありません。自立のないところに自由はないのです。

そして、子はいずれ巣立ち、**家族は解体されていく運命にあります。**家族はきわめて普遍的な共同体ですが、真の自由が実現する人倫ではないのです。

②市民社会

家族が解体されたあとに浮かび上がってくる第二の人倫が、**市民社会**です。

市民社会とは、人々がみな自由かつ平等であり、互いの権利が承認されているような社会です。日本国憲法第14条には「すべて国民は、法の下に平等であって、人種、信条、性別、社会的身分又は門地により、政治的、経済的又は社会的関係において、差別されない」とありますが、このように**メンバーの自由と平等が保障された社会が、市民社会です。**

そこでは、人々が自由にみずからの欲望を追求することができます。日本国憲法でも**幸福追求権**が保障されている（第13条）ように、人々は他者の権利侵害をしない限り、基本的に何をやってもよいのです。これは要するに、自分の利益の最大化を目指して行動することが許されている社会、すなわち資本主義社会にほかなりません。**市民社会とは資本主義社会のこと**なのです。

人々が自由に欲望を追求する資本主義社会という意味で、ヘーゲルは市民社会のことを「欲望の体系」と言っています。

しかし、「欲望の体系」たる市民社会において「正しさ」は完成するのでしょうか？　これまた答えはノーです。なぜなら、ここにおいては**人々の絆が失われてしまっている**からです。

家族の絆は強いものです。2013年の3月に、北海道で突然の暴風雪が起こり、多くの乗用車が立ち往生して8人が命を落とすという痛ましい事件がありました。そのなかでも涙を誘ったのが、幼い娘を守るため覆いかぶさるようにして凍死したという父親についての報道です。人は愛する家族のためであれば、ためらいなく命を捨てることができるのです。

でも市民社会において、家族愛と同等の同胞愛があるでしょうか。家族でも知り合いでもなく、単なる市民社会のメンバーであるというだけの間柄の他者のために、命を捨てることができるでしょうか。決してできない、とは言い切れないかもしれません。でもそれは例外中の例外でしょう。誰しも自分が可愛いですし、家族や会社などでなすべき務めがある以上、そうやすやすと自分を犠牲にするわけにはいかないのです。

これは当然のことであり、仕方のないことです。ともあれ**市民社会では個人の独立が保障されている反面、濃密な愛も連帯の意識も希薄になってしまっている**のです。要するに資本主義は弱肉強食の冷たい社会だ、ということです。

このように絆が失われてしまっている社会という意味で、ヘーゲルは市民社会のことを「**人倫の喪失態**」とも呼んでいます。

③国家

さて、人倫の最終段階として登場するのが**国家**です。

家族においては、人々は強く深く結びついていられますが、個人の独立性を欠いていました。これに対して市民社会においては、個人の独立性が十分に実現しています。ところがここでは、人々の連帯感が深刻な危機にさらされてしまいます。

そこで国家は、一長一短であった家族と市民社会のすぐれた側面を統一するべく登場したというわけです。つまり、**国家においては、家族における絆の深さと市民社会における個の独立性が統一される**のです。

でも、なぜ国家でそうしたことが可能になるのでしょうか？

率直に言って、ひいき目に見ても、ヘーゲルはこの問いに対してあまり説得力のある答えを用意していません。当時の新興国家プロイセンに対する、「こうあってほしい」というヘーゲルの期待と願望が、こうした筋立てを生み出したのかもしれません。

いずれにせよ、一人ひとりの自由が保障され、なおかつ国民としての一体感が成立しているような国家というものは、たしかにあり得ますし、本来国家はそうあるべきでしょう。少なくとも、それがヘーゲルの国家論でした。

回 まとめ

自由主義に冷淡な国家主義者、というのが伝統的なヘーゲル評でした。ヘーゲルが国家の重要性を強調したのは間違いありませんし、国家への批判的視点が欠けていたということも否定できないでしょう。

ただ、ヘーゲルが自由を重視していたことは疑いありません。彼が国家を最高の人倫として称揚したのは、国家による個人への侵害を正当化したかったからではなく、そこで**真の自由が実現する**と考えたからです。

国家においてはじめて真の自由が実現する、というヘーゲルの主張はそれほど根拠のあるものとは言えないかもしれません。けれども、個人の単なる「やりたい放題」こそが自由である、という浅薄な見方を批判する点において、ヘーゲルは完璧に正しかった、私はそう思います。

◎カントは、自分を律するところに自由があると考えた。
◎ヘーゲルは、内面的な道徳が法と統合されなくてはならないと考えた。
◎ヘーゲルによると、法と道徳を統一した人倫は、国家において完成する。

第8章 真の民主主義とは？【ルソー】

２０１４年12月に行なわれた衆議院議員総選挙は、自民党と公明党の連立政権の圧勝に終わりました。これで自民党は国政選挙で３回連続の圧勝です。ただし自公両党は得票を伸ばしたわけではなく、「熱気なき圧勝」などと言われました。

この選挙での「熱気」のなさは、とくに52・66％という**過去最低の投票率**に顕著に現れています。20歳代に限って見ると、わずか32・58％でしかありません。

日本国憲法の前文は「日本国民は、正当に選挙された国会における代表者を通じて行動し……」との宣言で始まり、議会制民主主義（間接民主制）が国家の根本原理だとされています。だとすれば、国民がその代表者を選出する国政選挙は、国家にとって最重要な祝祭的イベントであるはずです。にもかかわらず、実際にはほぼ２人に１人しか参加していないわけですから、これはもはや**議会制民主主義の危機**と言わなければなりません。

ところで、間接民主制の政治的プロセスを「選挙市場」として理解しようという見方があります。政党や候補者は政策の「売り手」であり、これを「買い手」である有権者が吟味のうえで選択する。選挙管理委員会の監視などにより「選挙市場」が健全に発展するならば、よりよい政策が有権者によって選択され、民主社会は発展していく、というわけです。

この見方によれば、２０１４年総選挙では、半分近くの商品がいわば「売れ残」ってしまったわけで、これは**既成政党全体の敗北**と言うべき状況です。

もっとも、**投票率の低迷はじつは多くの先進国に共通する問題**なのです。したがって、この現象は、もしかすると議会制民主主義というシステムの根本的な問題を示唆しているのかもしれません。

この点について重要な問題提起をしたのが、18世紀フランスの思想家ジャン＝ジャック・ルソーです。本章では、ルソーの議論を追いながら議会制民主主義の課題について考えてみましょう。

回 間接民主制は公益を損なう

ジャン＝ジャック・ルソー（１７１２－７８）（図29）は、スイスのジュネーヴで生まれ、主にフランスで活躍した思想家です。彼は代表的な社会契約論者と位置づけられ、その主著『社会契約論』は、フランス革命の理論的支柱となりました。

まずは**社会契約論**そのものについて確認してみましょう。社会契約論とは、国家の起源を人民の契約に由来するものとみなす学説です。つまり、草野球チームや株式会社などと同様に、国家は設立者たちがその目的と基本的ルールを定めて人工的に創設した一種の法人だとする考え方です。

国家が**人工的に創設された法人**にすぎないとすれば、そこに何か不具合がある場合には、それをつくり変えることが認められるのは当然でしょう。だからこそ、国家体制が神の権威に由来する不可侵のものだという**王権神授説**とは違い、社会契約説は18～19世紀の市民革命とそれによって成立した近代民主政治を支える基礎理論となったのです。

ところが、ルソーは今日の民主国家で採用されている間接民主制を正面から批判しています。彼の言葉を聞いてみましょう。

図29　ジャン＝ジャック・ルソー

イギリスの人民は〔自分たちが〕自由だと思っているが、それは大まちがいだ。彼らが自由なのは議員を選挙する間だけのことで、議員が選ばれるやいなや、イギリス人民は奴隷となり、無に帰してしまう。

（ルソー著、桑原武夫・前川貞次郎訳『社会契約論』岩波文庫、133頁）

ここでの「イギリスの人民」とは、選挙によって代表者を選ぶ仕組みをもつ人々という意味です。18世紀当時にあって議会政治の確立していた唯一の国がイギリスだったからです。

ところが議員たちはというと、選挙期間中だけは有権者に頭を下げて支持を訴えますが、選挙が終わってしまえば、あたかも白紙委任状でももらったかのように振る舞い、有権者は議員たちの奴隷のようになってしまう——。ルソーは18世紀のイギリス政治を批判しているのですが、現代日本の議会政治への論評だと言われても、さして違和感はないのではないでしょうか。このように、議会政治はかなり根本的な弱点を抱えているのです。

ではなぜ間接民主制はうまく機能しないのでしょうか？　ルソーによれば、それは**間接民主制が本質的に特殊利益のぶつかり合いを生むシステムだから**です。

「特殊利益」とは、個人や集団の私的な利益のことです。つまり、農家の利益、高齢者の利益、企業の利益、地域の利益といったものです。

なぜ間接民主制がこうした特殊利益のぶつかり合いを生むかというと、**国会議員たちは全国民の利益を代表しているのではなく、特定の地域や身分、職業などを代表しているから**です。国会議員は表向き全国民の代表者であるとされています（日本国憲法第43条1項）が、それはあくまでタテマエ。最初から特定階級の利害を代表することを公言している政党もあれば、地域や業界団体のために身を粉にすると宣言している「正直」な政治家もいます。いずれにせよ、議員たちは自分に投票してくれた人々の声を代弁するのが仕事ですから、多かれ少なかれ特殊利益の代表者となってしまうのは、ある意味で自然なことです。

ではこうした特殊利益のぶつかり合いはいったい何をもたらすものでしょうか。これは「**合成の誤謬**」という概念を使うと、よく理解できます。

合成の誤謬とは経済学で用いられる概念で、ミクロ的に合理的な選択がマクロ的に不都合な帰結をもたらすというものです。たとえば家計にとって「節約」は明らかに合理的な選択です。お金が貯まるわけですから。でもすべての家計が節約を始めるならば、国全体の消費支出が落ち込み、景気を冷え込ませてしまいます。そうすると企業収益も悪化し、悪くすると給料も下がってしまうかもしれません。企業による「賃下げ」などでもまったく同様のことが言えます（図30）。

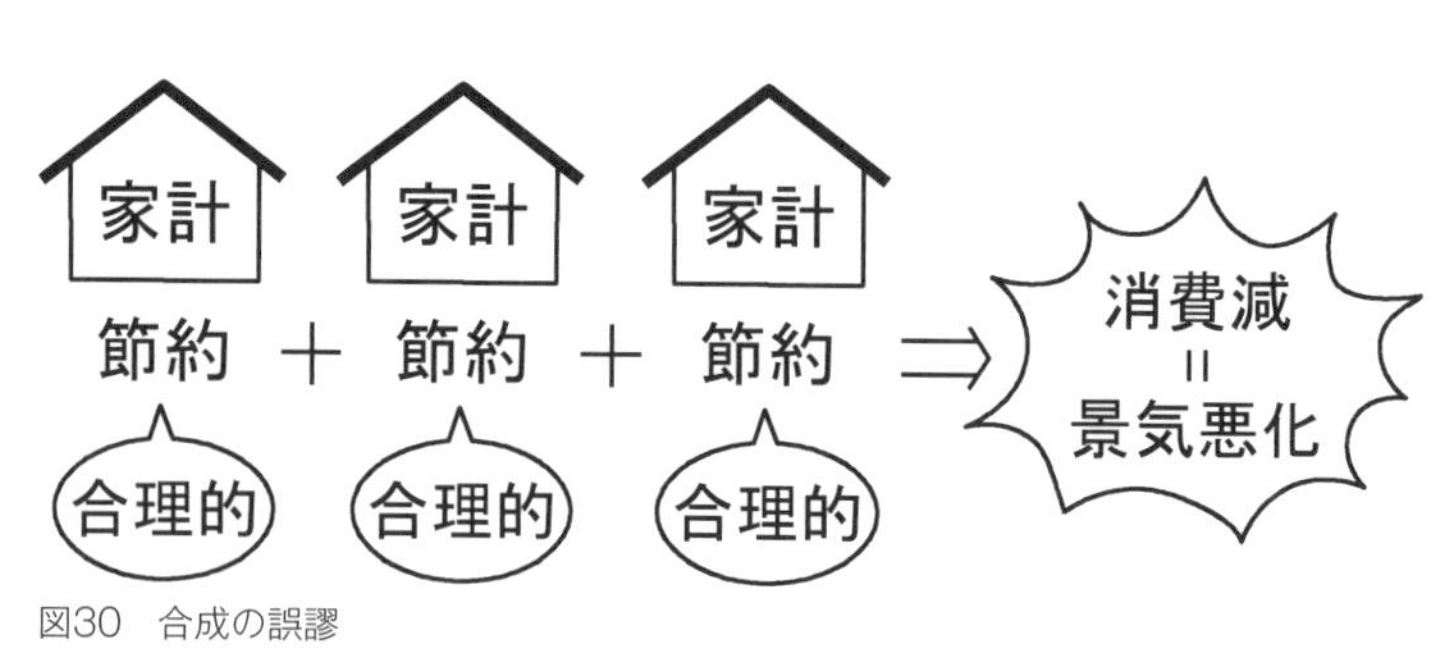

図30　合成の誤謬

このように誰もが自己利益を追求し始めると、つまり**特殊利益のぶつかり合いが起こると、結果として社会全体の利益**（＝公益）**が損なわれうる**のです。

人間は基本的に利己的な存在ですから、自分の利益は最大化したいし、自分の負担は最小化したい。こうして各地域・各業界団体の代表者たち（国会議員）がそうした特殊利益の実現だけを考えて「椅子取りゲーム」のように行動するならば、どうしても**限られたパイの取り合い**に陥り、**社会全体にとっての利益**というものは脇へ追いやられてしまうのです。

税制や社会保障をめぐる議論で合意が難しいのは、こうした問題が背景にあるからなのです。ではいったいどうすればいいのでしょうか？

回公益を目指す一般意志

合成の誤謬という事態を回避する方法はあります。**みんなが特殊利益を棚上げし、公共の利益を目指すようにすればよい**のです。そんなことができるのかと疑問に思う人もいるでしょうが、じつはこれは、多かれ少なかれ私たちが無意識のうちに実行しているものでもあるのです。

たとえば町内会でドブさらいの担当者を決める場面を想定してください。

多くの人は、できることなら避けたいと思っています。「私は小さい子どもを抱えているから……」「どうしても外せない予定があって……」など、言い訳には事欠きません。

でも実際に顔を突き合わせて本音の話し合いを続けるならば、特定の誰かに負担が集中するのは不公正であり、また誰もドブさらいをしないならば不合理な結果が生じてしまう、ということに誰もが思い至ることでしょう。そんなわけで、「今回は私がやりましょう」とか、「今回はできませんが次回は私が」「担当者にちょっとした心づけを払いましょう」「原則として持ち回りにしましょう」など、どこかに落とし所が見えてくるはずです。

このような話し合いによる解決は、言うまでもなく容易ではありません。でも、粘り強く話し合いを続ければ、妥協案が生まれてくることがあるのも事実です。

まさにこうした社会的な意思決定こそがルソーの理想とするものなのです。


ルソーは、個人や集団の私的な意見を**特殊意志**と呼び、その社会的総和を**全体意志**と呼びました。「私の街に産廃施設はいらない」とか「わが業界に補助金を」といったものが特殊意志で、社会における特殊意志をすべて足し合わせたものが全体意志です。たとえば世論調査や国政選挙の結果などは全体意志と言えます。ところが「合成の誤謬」により、**全体意志はしばしば社会にとって好ましくない結果をもたらしてしまう**のです。

そこでルソーは、各人がバラバラに考えて自己利益を追求するのではなく、みんなにとっての望ましさをみんなで考え、みんなで決めるべきだと考えます。そうして最後に出てくるみんなの総意、これこそが**一般意志**と呼ばれるものなのです。

一般意志を導くには、学級委員会の話し合いのように、みんなでじかに話し合わなければなりません。だから、ルソーは**直接民主制だけが真の民主主義**だと考えました。

これに対して間接民主制は、社会における利害対立を自明の前提とし、これを「純化」し「先鋭化」する装置だと言えます。議員たちは特殊利益の代表者という性格を強くもちますから、討論に際して論敵に説得されて自説を撤回するなどということは基本的にありません。そこではゼロサム・ゲーム的なパイの奪い合いが起こるばかりであり、どうしても**公共の利益は脇に追いやられてしまう**のです。そんなわけで、間接民主制は公共の利益を実現する仕組みとして望ましくないとされます。

回 一般意志と全体主義

ところがこのルソーの一般意志論は、はっきり言って、今日ではあまり評判がよくありません。**全体主義を正当化する議論にすぎない**のではないか、と批判されているのです。

ルソーによると、**主権は分割できません**。なぜかというと、主権は共同体そのものの意志（＝一般意志）の表れだからです。特殊意志の総和である全体意志とは違い、一般意志は本質的に分割できません。自動車をエンジンとタイヤとハンドルなどに分解してしまったら、もはやそれは「自動車」ではないと言うのと同様です。
全人民の総意の表れが主権だとすれば、人民主権論をとるルソーにとって、それを抑制したり、その力を削ごうとする試みが認められないのは当然と言えましょう。したがって、ルソーが理想とする**一般意志に基づく共同体にあっては、権力分立は否定される**のです。

つまり、立法府、行政府、司法府（裁判所）などに権力機構を分割するのが当然という近代民主主義の基本原理とまったく違うことを、ルソーは説いているのです。

いかがでしょうか。ほとんどの方は、こうした議論に違和感を覚えるのではないでしょうか。

そもそもどうすれば「一般意志」を見出すことができるのでしょうか？　まさか日本国民みんなが一堂に会するわけにはいかないでしょう。またどれだけ時間をかければ成員の納得いく結論が出るのでしょうか？
家族会議や学級委員会ならいざ知らず、人口1億人を超えるような国家では、成員が集まって討論し、公共の利益について合意するなどということは不可能です。じつはこの問題はルソー自身も自覚しており、彼は自分が生まれ育ったジュネーヴのような小さな共同体でなければ不可能だと述べています。でも国家のサイズをある程度小さくしたところで、社会的に重要な事項のすべてについて合意を実現することは、時間的・空間的な制約のある現実社会では、ほとんど**実現不可能なビジョン**と言わざるを得ません。

仮に「一般意志」なるものを形成できるとしても、それが具体的な権力機構にそのまま反映されたら、少数派の人々を抑圧するようなことが起こってしまうかもしれません。

権力分立とは、**あらゆる権力は腐敗する**という経験則に基づく仕組みです。歴史的に、権力はほとんどつねに民衆を抑圧してきました。こうした権力による人権侵害を防ぐためにつくられたのが、権力機構が相互に監視・牽制し合う仕組み（＝権力分立）だったのです。

権力分立がなければどうなるかということについては、旧ソ連や現在の中国などの社会主義国について考えてみればいいでしょう。「ソビエト社会主義共和国連邦」の「ソビエト」の意味をご存じでしょうか。これはロシア語で「会議」を意味し、立法権・行政権・司法権を全人民の会議体であるソビエトに集中させるためにつくられたものです。今日の中国では、「全国人民代表大会」が国権の最高機関となっており、やはりここに全権力が集中しています。これらの社会主義諸国では、権力の「抑制と均衡」が否定され、むしろ無産階級の意志（＝一般意志）を強力に政治に反映させることで真の民主主義が実現すると考えられているのです。

旧ソ連や中国の仕組みは、分権的な民主主義を否定し、すべての人民的な意志を一つの機関に集約させるという点で、きわめてルソーのビジョンに似ています。しかし現実に起こったことは、指導者の個人的独裁もしくは共産党の一党独裁であり、**資本主義体制の国々よりもはるかに深刻な人権侵害**でしかありません。ナチス・ドイツで実現したこともほぼ同様です。

というわけで、国家レベルで**「全人民の総意」をまとめ上げるということは、もともと無理だった**と言わなければなりません。

こうした事例を見れば、いささか魅力の乏しい仕組みではありますが、権力分立を制度化している議会制民主主義体制がいかに意義深いものか、わかるのではないでしょうか。

回まとめ

ではルソーの議論はまったくナンセンスだったのでしょうか。そんなことはありません。本章の最初で、「選挙市場」としての政治観を紹介しました。これがそもそも間違っているのです。少なくとも、この見方はきわめて一面的です。

政治は政策の売り手と買い手が出会う場などではありません。たしかに現実には有権者が「政策の買い手」、つまり「消費者」となってしまっており、政党や政治家を「消費」しています。政治家のゴシップや政局のいざこざなどは週刊誌の売上やワイドショーの視聴率に貢献する格好のネタになります。有権者は居酒屋やお茶の間で「消費者」として政治を論評し、「売り手」の側もまた、できるだけ愉快な「寸劇」を供給するようになるのです。

つまり政策の「売り手」と「買い手」という関係を自明視する政治観は、**政治がみんなの**

問題にほかならないという単純な真理を見失っているのです。そもそも政治とは、**異なる価値観と利害をもつ人々が、利害を調整して社会的な意思決定を行なうプロセス**にほかなりません。ところが間接民主制は「代表者」を介して政治が行なわれる仕組みですから、どうしても「お任せ民主主義」になりがちです。もし政治が悪いならば、有権者である私たち自身が反省しなければならないはずなのに、ついつい私たちは政治家を批判してしまうのです。これは責任ある有権者の姿勢ではありません。それは「クレーマー」の態度でしかなく、言ってみれば「モンスター・ペアレンツ」ならぬ「モンスター有権者」の姿勢です。

その点でルソーの議論は、**政治が社会の成員すべての問題である**という点に注意を喚起し、**私たちが政治の消費者や観客などではなく、主役であり責任者である**という自覚を促しているのです。

◎間接民主制は公益を十分に実現しない。
◎みんながじかに話し合うことによって、初めて公益は実現される。
◎ルソーの理想は実現困難だが、間接民主制の弱点に気づかせてくれる。

第9章 マルクスの考えたこと【マルクス】

本章の主人公は**マルクス**（1818-83）（図31）です。

1950年代から1960年代くらいの学生は、みなマルクスを読んでいました。少なくとも読んでいるフリをしていました。いままで言う「意識高い系」のような学生たちにとって、マルクスを読んでいることは知的で進んだ学生であることの証しだったのです。ちなみに、さらに「意識の高い」学生は、マルクスに加えてサルトルを読みました（あるいは読んだフリをしていました）。

でも、**今日ではマルクスは読まれていません**（サルトルも同様）。ソ連が崩壊してこのかた、マルクスは確固たる信念をもった労働組合活動家

図31　マルクス

のようなタイプの人しか読まなくなりました。一周回って「じつはマルクスは新しいのだ」といった言説も見られますが、読まれているのはマルクスの入門書や解説書ばかりであって、『資本論』や『ドイツ・イデオロギー』などは、読んだフリをする人すら皆無に近くなっているようです。大学生協の書店を覗いてみても、カントの『純粋理性批判』やハイデッガーの『存在と時間』などは何通りも訳本が並んでいますが、『資本論』がそろっているところは滅多にありません。

　でも、それも当然でしょう。マルクスは現実社会にきわめて巨大なインパクトを与えた思想家です。その点では、イエスやブッダ、あるいはムハンマドに匹敵します。何千万人もの人々がその思想を生涯の指針とし、何億人もの人々がその思想的影響のもとで生涯を送ったのですから、カントやハイデッガーらの影響力とは、桁が違います。要するに、**重すぎる**のです。

　けれども、ソ連が崩壊してから20年以上も経過し、ようやく適当な距離を置いてマルクスを読むことが可能な時代になってきました。世界観としてのマルクス主義への賛否を棚上げしたうえで、一人の哲学者としてマルクスを読むことができるようになったのです。

　とても不幸なことですが、じつはマルクスの批判者はもちろん、「信奉者」でさえも、マルクスを本当に読んだ人はきわめて少数でした。つまり、**マルクスは欠席裁判の憂き目にあってきた**のです。いまこそマルクスは読まれるべきです。政治的な主張や教養といったん切り離したうえで虚心坦懐(きょしんたんかい)にマルクスを読むならば、きっとそこから多くの豊かな思想を汲み取れることでしょう。

本章では、そんなマルクスの思想の一端をご紹介したいと思います。

回 思想は時代の産物にすぎない

哲学者としてのマルクスの主張は、じつに多岐にわたっています。が、そのなかでもとくに影響力の大きかった主張は、**人間の精神的営みが社会的な土台に支えられている、**というものでしょう。マルクスは次のように述べています。

人間は、その生活の社会的生産において、一定の、必然的な、かれらの意思から独立した諸関係を、つまりかれらの物質的生産諸力の一定の発生段階に対応する生産諸関係を、とりむすぶ。この生産諸関係の総体は社会の経済的機構を形づくっており、これが現実の土台となって、そのうえに、法律的、政治的上部構造がそびえたち、また、一定の社会的意識諸形態は、この現実の土台に対応している。物質的生活の生産様式は、社会的、政治的、精神的生活諸過程一般を制約する。人間の意識がその存在を規定するのではなくて、逆に、人間の社会的存在がその意識を規定するのである。

（マルクス著、武田隆夫・遠藤湘吉・大内力・加藤俊彦訳『経済学批判』岩波文庫、13頁）

いきなり難しい文章を長々と引用しましたが、これはマルクスの歴史観・社会観である**唯物史観**（**史的唯物論**）の根本命題であり、マルクスをかじったことのある人なら誰でも知っている非常に有名な一節です。この命題は「**土台が上部構造を規定する**」と要約することができます。

「**上部構造**」とは、宗教や哲学や法律や政治など、人間が意識的につくり上げた制度全般、要するにいっさいの精神的産物のことです。そして「**土台**」とは、生産力と生産関係からなる経済・社会構造のことであり、「下部構造」とも呼ばれます（図32）。

では、「土台が上部構造を規定する」とはどういうことなのでしょうか。

まず、経済・社会構造が哲学や法律などの土台であるということは、**経済構造は人々の意識から独立している**ということを意味しています。

マルクス以前の社会主義者たちは、現実の社会の問題

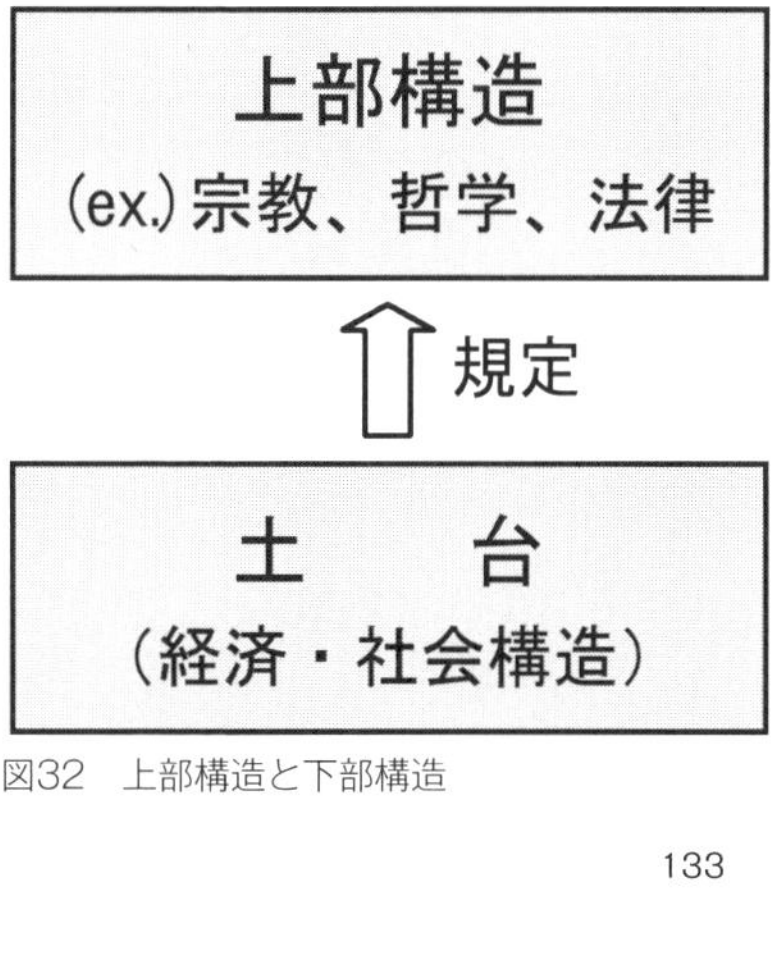

上部構造
(ex.) 宗教、哲学、法律

⇧ 規定

土　台
（経済・社会構造）

図32　上部構造と下部構造

点を鋭く指摘し、理想の社会を思い描きました。彼らは真の「あるべき社会」を発見しさえすれば、それが容易に実現できると考えたのです。ところがマルクスの唯物史観によれば、経済構造は天才の発見や発明などによって変えられる代物ではありません。というのも、それは人間の意識から独立した「**物質的構造**」をなしているからです。

ここで言う「物質的」というのは、机や岩石のような空間に位置を占める固形物という意味ではありません（経済構造には色も形もありません）。マルクスは「人間の意識から独立している」という意味で「物質的」という語を用いています。だから、マルクスの唯物論が精神的存在を無視しているといった批判は、まったくの言いがかりです。マルクスにとって精神的なものが存在することは自明であって、それをどう説明するかが問題だったのです。そしてマルクスは、**経済構造は独自の運動法則をもっており、人間の主観的願望などによってどうこうすることもできない**、と考えたのです。

では、土台（経済・社会構造）の「独自の運動法則」とは、どのようなものなのでしょうか？マルクスによると、土台の内部構造において、**生産力が生産関係を規定する**、とされます。「生産力」はいいとしても、「**生産関係**」がわかりにくいですね。マルクス経済学では生産関係のことを「生産手段の所有関係を核とする人間的諸関係の総体」などと説明しますが、要するに「**社会のしくみ**」のことだと思ってください。

時代により、地域により、社会のしくみは大きく異なっています。でもその違いの本質はどのあたりにあるのでしょうか。マルクスによれば、それは**生産手段を誰がどのように所有しているか**ということによって区別されます。生産手段とは、工場や機械、それに土地などのことです。この生産手段の所有形態の違いが社会のしくみ（＝生産関係）を特徴づけており、それは生産力の発展段階に応じて下図のような展開を遂げるというのです（図33）。

　生産関係は、任意に好きなものを「採用」する、

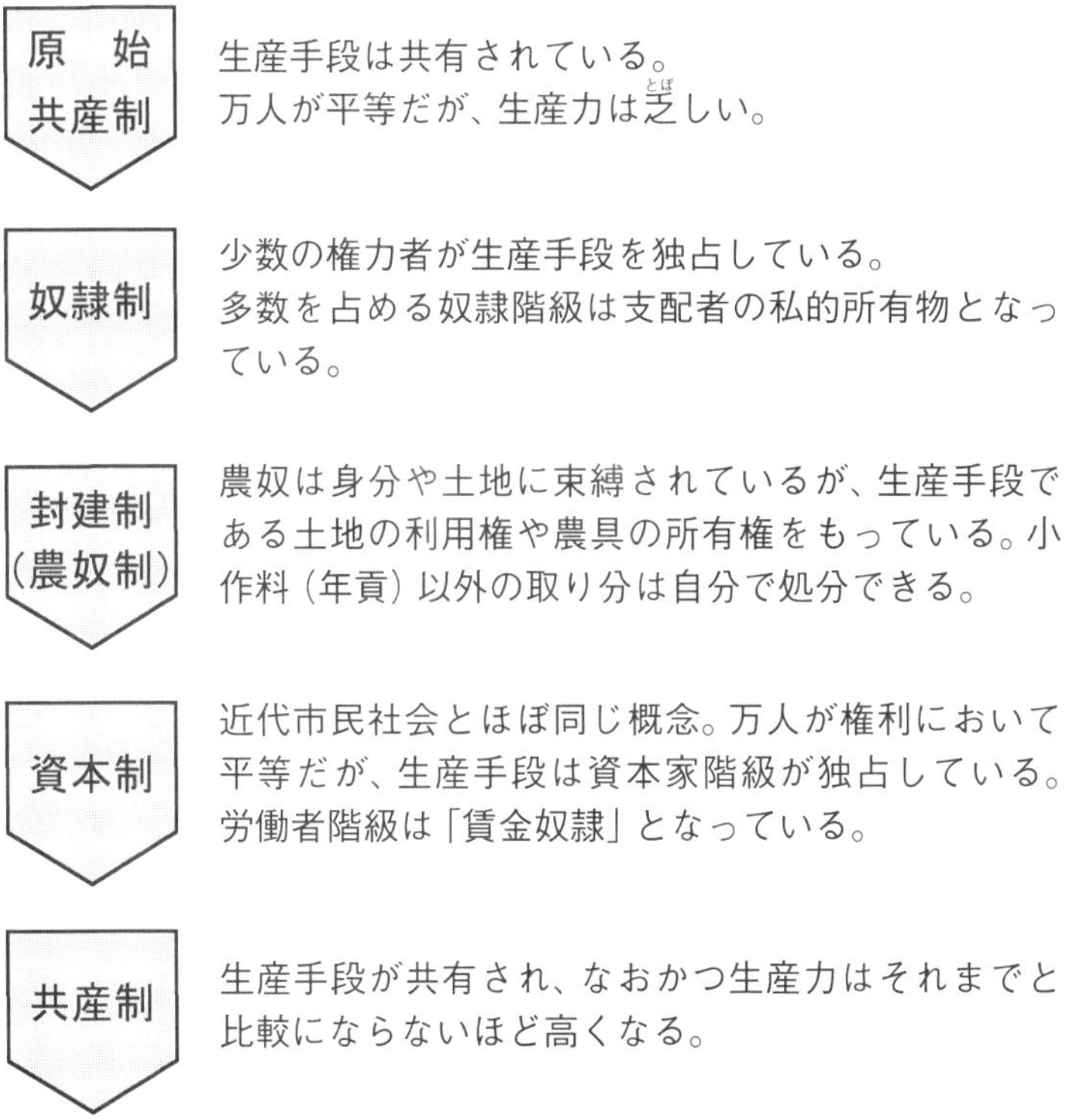

原始共産制
生産手段は共有されている。
万人が平等だが、生産力は乏（とぼ）しい。

奴隷制
少数の権力者が生産手段を独占している。
多数を占める奴隷階級は支配者の私的所有物となっている。

封建制（農奴制）
農奴は身分や土地に束縛されているが、生産手段である土地の利用権や農具の所有権をもっている。小作料（年貢）以外の取り分は自分で処分できる。

資本制
近代市民社会とほぼ同じ概念。万人が権利において平等だが、生産手段は資本家階級が独占している。
労働者階級は「賃金奴隷」となっている。

共産制
生産手段が共有され、なおかつ生産力はそれまでと比較にならないほど高くなる。

図33　生産関係の推移

というわけにはいきません。心身の発達とともに、人が子ども→青年→大人……と成長していくのと同様に、社会のしくみもまた生産力の発達段階に応じて形成されるのです。これが「生産力が生産関係を規定する」という意味です。

マルクス（主義）についての誤解の一つに、マルクスが資本主義を嫌い、それと異なる社会主義の「導入」を主張した、といったものがあります。これは冤罪もいいところです。マルクス以前の空想的社会主義者はいざ知らず、むしろ**マルクスは誰よりも資本主義の必然性を強調しました**。資本主義は野蛮な世界を文明化させるものである（資本の文明化作用）とも言っています。ただ、資本主義には深刻な矛盾があるので、資本主義が登場したのが必然であったように、それが乗り越えられることも必然だと言うのです。**資本主義はただ否定されるのではなく、共産主義のために前提されるもの**です。青年期を経ずして大人になれないのと同様に、資本主義なくして共産主義は絶対に不可能なのです。

さて、唯物史観の命題「土台が上部構造を規定する」は、もう一つのことをも意味しています。それは、**人々の意識は経済構造の制約下に置かれている**、ということです。哲学や宗教は天才的な個人が自力でつくり上げたものであるかのように捉えられがちですが、マルクスはそうした発想をしりぞけました。

哲学を例にとって考えましょう。哲学は、時代や場所を超越した普遍的な真理を探究する知的営みと言うことができます。でも哲学は本当に「時代や場所を超越」しているのでしょうか？

たとえばアリストテレスは間違いなく偉大な哲学者でしたが、同時に奴隷制を擁護した哲学者でもありました。これはアリストテレスの哲学や人格に根本的な欠陥があることを意味するのでしょうか。もちろんそうではありません。アリストテレスが奴隷制を擁護したというのは、彼が奴隷制の時代を生きていたことを反映しているにすぎないのです。

つまり、**哲学者も時代の制約を受ける**のです。この点については、マルクス以前にヘーゲルも、哲学とて「時代の子」でしかない、と述べています。まさにそのとおりで、**私たちはみな、特定の色眼鏡を通して世界を見ている**のです。これはハイデッガーらがのちに詳しく論じた点でもあるのですが、このことを最初に本格的に論じた哲学者は、間違いなくマルクスだったのです。

回 貨幣はなぜありがたいのか——呪物崇拝としての資本主義

ここまで見てきたとおり、マルクスの唯物論とは、思想などの観念的な体系（これは「イデオロギー」と呼ばれます）が経済的土台によって規定されると説くものでした。

でもマルクスの唯物論には、もう一つ独創的な主張が含まれています。それは、**イデオロ**

ギーは人間の生み出した共同幻想でありながら、人間を支配するようになる、というアイディアです。つまり、イデオロギーは経済的土台の単なる従属物ではないのです。

いったいなぜなのでしょうか？

第一に、イデオロギーがイデオロギーとして存立するには、人々が日々それを妥当なものとして信じ、支えていることが欠かせないからです。つまり、**イデオロギーは人々がなかば無意識的に再生産している**のです。

マルクスは『資本論』のなかでおもしろい例を挙げています。

この人が王であるのは、他の人々が彼にたいして臣下としての態度をとるからにほかならない。ところが、彼らは、彼が王であるから、自分たちは臣下であると思うのである。

（マルクス著、資本論翻訳委員会訳『資本論１』新日本出版社、99頁）

国王が国王であるのは、ただ臣下が臣下として振る舞い、国王に仕えているからです。誰も国王を国王として敬う（うやま）ことがなければ、彼は国王とは言えなくなります。無人島に一人漂着した国王はもはや国王ではあり得ませんし、下克上の世であれば国王は臣下に裏切られ、地位を追われることもしばしばです。つまり**国王が国王でいられるのは、ひとえに臣下のおか**

げなのです。

ところが王制が正常に機能しているあいだは、国王も臣下もそんなことは考えず、国王と臣下の関係は自明のものと信じて疑わないのです。だからその結果として、国王は国王であり続けることができます。

これは王制というシステムのみならず、宗教・法律・道徳などあらゆる上部構造＝イデオロギーに当てはまります。これらはみな、人々がそれらのイデオロギーに忠実であるがゆえに維持されているのです。日本では明治維新や大戦の敗北の時期に社会的な価値体系＝イデオロギーが劇的に転換しましたが、このことは、イデオロギーが**集団催眠**のようなものであることをよく表しています。イデオロギーは、人々の支えがなければ存立できないのです。

第二に、**いったん生み出されたイデオロギーは相対的な自立性をもち、逆に社会や人間に対して反作用を及ぼします**。

たとえば宗教。マルクスの見地では、宗教はもちろん人間の生み出したものです。けれどもいったん成立した宗教は、人々の心の奥底にまで浸透し、人々の行動原理となり、社会のあり方をも深く規定するようになります。

法律も同様です。法制度は、一般に経済的土台を強く反映します。封建社会では身分を固定する法制度が整えられ、資本主義社会では財産所有の権利が憲法上保障される、というように。けれども**いったん成立した法制度は容易に変わりません**。既得権益をもつ旧体制の支配層にとっては現行の法制度が生命線であるため、現実の社会関係が変化しても、これを死守しようとするからです。これらを根本的に変えるには、マルクスの言うところの「階級闘争」と革命が必要になることでしょう。

というわけで、人々がつくり上げた観念的構築物＝イデオロギーは、つまるところ共同幻想にすぎません。ところがこれらのイデオロギーは、いったん成立すると実体化し、逆に人々を支配するようになるのです。この現象のことを**呪物崇拝**（物神崇拝、フェティシズム）と言います。

未開社会では、そびえ立つ巨石や燃え盛る炎などに超自然的な力が宿っているとして、それらを崇拝する風習が見られます。しかしこうした呪物崇拝は決して未開社会だけのものではありません。たとえば日本人は、何の疑問も抱かずに、人工物であるはずの神社で頭を垂れ、柏手を打っていますが、これなどは炎を崇める未開社会の風習と本質的に同じでしょう。また多くの国では、議会などの建築物が神殿めいた重厚なものとなっていますが、これは政治が神聖な「まつりごと（政治＝祭祀）」とみなされている証左でありましょう。

つまり、古代から現代に至るまで、**人間は呪術的なものにとても弱い**のです。さらに現代における呪物崇拝の典型例として、**貨幣制度**を取り上げてみましょう。

日本の1万円札の製造コストは20円ほどと言われています。**20円の紙切れが1万円の価値をもつ**のです。普段は気にも留めずに使用していますが、考えてみればじつに不思議なことではないでしょうか。なぜただの紙切れに大きな価値が認められているのでしょうか？ 結論を簡単に言えば、**みんながそれらの紙切れに価値を認めているから**です。複雑な理屈はいろいろとありますが、結局のところはこれに尽きます。

では、なぜ人々は紙切れでしかない貨幣に価値を認めているのでしょうか？

そもそも**貨幣は商品と交換されるからこそ意味があります**。それを使えば豚まんを入手できたり、コンサートを聴けたりするからこそ、貨幣には価値があるのです。つまり具体的な**使用価値**のある商品との関係において、貨幣ははじめて意味をもつのです。

ところがこの当たり前の真実は、しばしば忘れられてしまいます。お金にルーズな人は信頼されず、「愛さえもお金で買える」などとも言われ、要するに**現実問題として、貨幣はほとんど万能に近いもの、いわば「神」として君臨している**のです。

第一次世界大戦後のドイツで起こったハイパーインフレーションのような例外的な出来事に直面すると、私たちはお金が紙切れにすぎないという事実を「再発見」します。いわば魔法にかけられた状態から目覚めるわけですが、日頃は便宜(べんぎ)的な道具にすぎない貨幣に完全に支配されているのです。

人間の創造物が人間を支配するという倒錯した事態は、じつはマルクスに影響を与えた哲学者**ルードヴィヒ・フォイエルバッハ**（1804－72）によって指摘されていました。

フォイエルバッハが主著『キリスト教の本質』で指摘したのは、「**神が人間をつくったのではなく、人間こそが神をつくった**」ということです。キリスト教の本質は「愛」です。でもフォイエルバッハによれば、それは全能の慈悲深き神が罪深き人間を愛してくださるからではなく、人間自身の本質である、あるいは本質であってほしいと願う「愛」が神に投影されているから、なのです。

西洋人の手になる宗教画で、例外なく神が「白人」風に描かれているのも、西洋人が自分たちを神に投影した結果にほかなりません。このように、人間は自分たちの理想を神に投影しているにもかかわらず、その神が人間を支配しているかのように理解している、というのがフォイエルバッハの主張です。貨幣の呪物崇拝についてのマルクスの議論がこれと同様の構造をもっていることは明らかでしょう。

今日において貨幣を用いずに経済を成り立たせるのは、ほとんど不可能です。人間の血と汗によって生み出された富の代用物として、貨幣は今後も使い続けられることでしょう。でも貨幣はしょせん代用物にすぎません。それは未開社会において崇められているトーテムポールなどと本質的に変わらないのです。ドイツの社会学者マックス・ウェーバーは、近代を「脱呪術化」というキーワードによって説明しましたが、マルクスの見地によると、**近代化したように見える現代社会にあっても、その根底には強固な呪術的構造が存在している**のです。

回 まとめ

西洋哲学は、私たち人間が神のような超越的な視点から世界をすべて客観的に捉えられるかのように考えがちでした。とんだ思い上がりです。こうした西洋中心主義の思いあがりに気づかせてくれる思想家の一人が、「土台が上部構造を支配する」と論じたマルクスだったのです。

また、私たちは貨幣制度をはじめとする社会の仕組みが永久不変のものだと考えがちです。けれども呪物崇拝についてのマルクスの議論は、こうした私たちの常識が未開人の信仰と同様だということに気づかせてくれます。

仮にマルクスの政治的主張がすべて間違っていたとしても、これらの議論は完全に正しいものであるように、私には思われます。

◎いかなる思想も、時代の産物にすぎない。
◎社会の仕組みは、すべて人々がそれを自明視することで成立する。
◎マルクスの哲学は、一般に考えられているよりはるかに意義深い。

第10章 自分を肯定する【ニーチェ】

哲学とは、自明とされている事柄を徹底的に疑い、吟味し、何ごとをも自分の頭で考えようという営みです。したがって、**哲学という営みは本質的に反常識的**なものであると言えるでしょう。だから、哲学者という人種は、非常識なことを憚（はばか）りなく主張できる変人ばかりです。もちろん温厚で身なりもきちんとし、模範的な市民として生涯をまっとうした哲学者もいないわけではありません（カントなど）が、歴史に名を残した哲学者としては、そうしたタイプはむしろ例外と言えましょう。

さて、哲学者というのがそうした奇妙な人種だとすれば、なかでも最も哲学者らしい人物と言えるのが、**フリードリヒ・ウィルヘルム・ニーチェ**（１８４４－１９００）（図34）です。

ニーチェは『この人を見よ』と題する著作を書いていますが、「この人」というのはニーチェ自身なのです（つまり自伝）。世界よ、この私に刮目（かつもく）せよ、というわけですから、「自意識過剰」という次元をはるかに超えています。またこの自伝の目次を眺めると、「私はなぜこれほどまでに賢いのか」とか「私はなぜこれほどまでによい本を書くのか」といった異様な表題が踊っています。果たせるかな、この自伝を書いた翌年には、「私は仏陀の生まれ変わりである」とか、「かつて自分はナポレオンだった」などといった手紙を知人に書き送り、精神錯乱に陥ってしまいます。結局、ニーチェはその後の10年間を廃人として過ごし、55歳で生涯を終えました。

要するに、ニーチェはとびきりの変人でした。けれども、常識に囚われず、それに果敢に挑戦したという意味で、間違いなく**哲学者としては超一流**です。

市民的な常識とは無縁な、しかし生涯自分の頭で徹底的に考え抜いた悲劇的な哲学者の思想を追ってみましょう。

図34　ニーチェ

回 神は死んだ

ニーチェの著作は名言の宝庫として知られていますが、なかでも最もよく知られている言葉が、「**神は死んだ**」でしょう。

キリスト教の深く根づいたヨーロッパにおいて、ニーチェのこの宣言はきわめて衝撃的なものでした。じつはニーチェは牧師の息子であり、近所の人たちから「小さな牧師さん」と呼ばれるほど生真面目（きまじめ）な少年だったようです。ところが幼い頃から聖書に馴染（なじ）んでいたニーチェは、学生時代にキリスト教から離反し、キリスト教への仮借（かしゃく）なき攻撃者になっていったのです。

19世紀のヨーロッパでは、キリスト教を正面から批判する思想家も現れています。しかしニーチェほど徹底的にキリスト教を攻撃することに情熱を注いだ思想家はいませんでした。彼自身が幼い頃それに囚（とら）われていただけに、キリスト教の病弊（びょうへい）を深刻に捉えていたのでしょう。彼にとって、キリスト教は全力で否定される必要があったのです。

ではなぜ「神は死んだ」のでしょうか？

お前たちに言ってやる！　**おれたちが神を殺したのだ**――お前たちとおれがだ！　おれたちはみな神の殺害者なのだ！

（ニーチェ著、信太正三訳「悦ばしき知識」『ニーチェ全集8』ちくま学芸文庫、219頁）

ニーチェによると、神はただ死んだのではなく、**人々によって殺された**のだ、とされます。

いったいこれはどういうことなのでしょうか？

それは、**かつて神は人々に必要とされていたが、いわば「用済み」になってしまった**、ということです。

善良な者が病苦に苛（さいな）まれたり、正しき者が不条理にも滅びていくという残酷な現実を説明するためには、人間にとって測りがたい絶対的な存在としての神がぜひとも要請されなくてはなりませんでした。なぜ悪がはびこり、正義が敗北してしまうのか。それを私たち人間は理解できない。でもそこには何か深い意味があるはずだ、人間をはるかに超えた全知全能の神の深いおはからいがあるに違いない——これがユダヤ教およびキリスト教において神が要請された理由です。旧約聖書のヨブ記には、信仰が厚く、非の打ち所のないヨブが不条理なほどの過酷な試練にさらされる姿が克明に描写されていますが、このヨブの姿は、ユダヤ人にとっての自画像だったに違いありません。

けれどもニーチェの生きた19世紀後半の時代状況は、それとはまったく異なるものとなっていました。都市にはガス灯が敷設され、蒸気機関車がうなりを上げて国中を縦横無尽に疾走し、上流ブルジョアはオペラや社交ダンスに明け暮れるという**物質文明の爛熟（らんじゅく）期**でした。またこの時代は、ダーウィンが人間を動物の延長線上に位置づけなおしてセンセーションを起こした時代でもありました。ひとことで言って、**ニーチェは「神なき時代」を生きていた**のです。

とは言うものの、当時の人々の多くはまだ神を正面から否定するだけの勇気と率直さを持ち合わせてはいませんでした。そこでニーチェが、神が死んだこと、つまり人々によって神が殺されたという冷厳な事実、要するに**ニヒリズムの時代**となっている事実を、預言者のごとくに人々に宣告して回ったというわけです。

回 奴隷道徳としてのキリスト教

こうしたニヒリズムの状況において、もちろんニーチェは失われた価値（キリスト教）の再興を説くわけではありません。むしろ、**キリスト教は滅びるべくして滅んだ**のだ、というのです。

なぜでしょうか？　ニーチェによると、それはキリスト教がもともと**奴隷道徳**にすぎなかったからです。

誰もが知るように、キリスト教は**愛の宗教**であり、自己を犠牲にして神と隣人を愛し切ることを説く教えです。イエスは次のように語っています。

「心を尽くし、精神を尽くし、思いを尽くして、あなたの神である主を愛しなさい。」これが最も重要な第一の掟である。第二も、これと同じように重要である。「隣人を自分のように愛しなさい。」律法全体と預言者は、この二つの掟に基づいている。

（「マタイによる福音書」第22章37－40節、新共同訳『新約聖書』日本聖書協会、44頁）

ところがニーチェによると、**キリスト教は弱者がおのれの弱さを隠蔽し正当化し、強者に対して精神的に復讐するための不健康な道徳にすぎない**、とされます。なぜかというと、キリスト教は生の本質である「**力への意志**」を隠蔽してしまっているからです。

「力への意志」とは、簡単に言えば「欲望」のことです。人はみな、「出世したい」「金持ちになりたい」「キレイになりたい」などの欲望をもっています。昨今の日本でベストセラーになる本と言えば、『年収2000万円のビジネスマンが必ず守っていること』的なものばかりですし、女性雑誌の特集記事なども「愛される小顔メイクはコレで決まり！」みたいな煩悩全開のもので満ち溢れています。

けれども、こうした欲望は一般にあまり好ましくないものとされてきました。少なくともかつては、こういった欲望は表明するのが憚られるものでした。その事情は、キリスト教の支配するヨーロッパであれムラ社会の日本であれ、ほぼ変わりません。また、古代ギリシアのストア派も古代インドの仏教も、17世紀日本の朱子学者も18世紀ドイツのカントも、人々の欲望追求については厳しく戒めてきたのです。

キリスト教はその典型であり、たとえば「金持ちが神の国に入るよりも、らくだが針の穴を通る方がまだ易しい」(前掲書、第19章24節、37頁)という言葉は、禁欲的道徳としてのキリスト教の性格を非常によく表しています。

ところが、ニーチェの診断によると、キリスト者たちは心の底から世俗的な欲望を捨て去ったわけではありません。それどころか、じつはキリスト者たちは世俗的な成功を誰よりも強く願っているのであって、そしてその欲望の強さゆえに、その欲望を現実に満たすことのできた**勝利者たちを心から憎み、妬み、その栄光を無価値なものとして貶めようとしているの**だというのです。

この妬みあるいは恨みの感情のことを、ニーチェはフランス語で「**ルサンチマン**(ressentiment)」と表現します。人は誰しも嫉妬や恨みの感情をもっています。でもそれが最も強いのが、じつは「愛の宗教」とされるキリスト教なのだと、ニーチェは暴露し、告発するのです。

ニーチェが理想とする高貴な精神の持ち主であれば、みずからのあり方を直接に肯定することができるため、ことさら何かの悪口を言う必要はありません。これがニーチェの言う「**貴族道徳**」です。ところが自分に自信がなく、自分の弱さや無能さを自覚せざるを得ない人は、世俗的な成功を収めた者(たとえば「金持ち」や「権力者」)を邪悪なものとみなし、それとの対比で自分の「善良さ」を語ることしかできません。これが奴隷道徳なのです。

力への意志(=欲望)をもっているという点では、みな同じです。それは人間が人間である以上、当然のことです。けれどもニーチェによると、奴隷道徳の持ち主たちは、じかに自分と自分の欲望を肯定するのではなく、本来の欲望を隠蔽して自分を偽り、しかも他人（成功者）を否定することによってしか自分を肯定できません。ニーチェはこうした人たちを「**畜群**」と呼び、全力で叩きのめそうとします。

このような「畜群道徳」であるキリスト教が死んでしまったのは、ニーチェにすればいわば当然のことであります。キリスト教が滅びるべくして滅んだというのは、このような意味なのです。

回能動的ニヒリズム

さて、こうして人々が共有する価値は失われてしまいました。この状況で、人はどうするべきなのでしょうか？　もちろん新たな神を創造することはできません。もはや神なき時代であるというのは避けられない運命であって、この**神なき時代をいかに生きるか**が問題だからです。

一つの方向性としては、価値の失われたことをただ嘆くという生き方があります。このような後ろ向きの生き方は、「**受動的ニヒリズム**」あるいは「**ペシミズム**（悲観主義）」と言われ、若きニーチェに影響を与えた哲学者ショーペンハウアーがとっていた立場でした。

しかしあくまで地上において強く生きることを願うニーチェは、こうしたペシミズムには満足できませんでした。そこでニーチェは、価値が失われたのであれば、むしろそれを好機として、**自分自身で新たな価値を創造すべき**だと訴えます。これが「**能動的ニヒリズム**」です。

キリスト教をはじめとするこれまでの道徳は、みな自分の欲望（＝力への意志）を悪しきものとして抑圧してきた。けれども、**力への意志はむしろ全面的に解放されるべきであり、自分の望むものを全面的に肯定し、それを全力で追求すべき**だと言うのです。

ニーチェには『善悪の彼岸』という興味深いタイトルの著作があります。ニーチェはキリスト教やカントが説いたような既成の「善」を勧めることは決してしませんでしたが、「悪徳」を勧めたわけではありません。彼は、**善悪のモノサシそのものを転換すべき**だと説いたのです。つまり、既成のモノサシにとらわれて生きるのではなく、自分自身で望むものを「善」として追求すべきだ、というわけなのです。

ニーチェはキリスト教にはきわめて厳しいですが、意外なことに、イエスには比較的好意的です。でもそれもそのはず、イエスはヨーロッパ文明における善悪のモノサシを創造した人物だったからです。このように既成の価値観にとらわれずに、自分で価値を創造することのできる自由な人間を、ニーチェは「**超人**」と表現します。

「超人」は「畜群」と違い、正しさの基準をみずからのうちにもっています。つまり、既成の価値観にとらわれず、また自分の価値を示すために他者を貶める必要もありません。また、超人は儒教における「聖人」や仏教における「仏陀」などのように、理想のモデルによって示されるものではありません。つまり「これぞ超人」というものがどこかにいるというものではなく、現実の自分を乗り越えようとするところに超人は成立するのです。

回 永遠回帰

ニーチェの提示する「超人」は、どれほど過酷な運命であっても、独力で自分の道を切り開く英雄的存在です。このような超人像が示されたのは、私たち凡人の現実がこれとはかけ離れているからにほかなりません。

私たちは弱く、卑屈な存在です。自分で道を切り開くのではなく、誰かに確実な道を保証してもらいたがるという習性をもっています。私もしばしば受験生から「これこれをすれば大丈夫ですか？」といった「質問」を受けますが、そんな保証をできるわけがありません。「絶対に受かります」「絶対に痩せます」みたいな広告で消費者を釣る悪徳商法は後を絶ちませんが、これらの悪徳商法は**自分の運命を他人に委ねて楽になりたいという「畜群」心理**を巧みに利用しているのです。

ニーチェによると、人生には救いの保証などあり得ません。また**人生には意味もなく、目**

的もありません。この世を超えた神的な存在から人生の意味を与えられるなどということはなく、人生はただ虚しく繰り返されるのです。

「虚しく繰り返される」と言いましたが、ニーチェによれば、歴史は、キリスト教やヘーゲルにおいてそう考えられたように、究極のゴールに向かって進んでゆく直線的なものではありません。それよりはむしろ、古代インドの輪廻（りんね）思想と同様に、**生と死の永遠の繰り返し**として理解されるべきなのです。

しかも生と死を繰り返しつつ何かが進歩したり発展したりするのではなく、寸分違（たが）わず同一の出来事がただ虚しく繰り返されるのです。たとえばある日ある場所でくしゃみをしたはずみでコーヒーをこぼしてしまったとすれば、それとまったく同じ出来事が同じ場所で再び起こると言うのです。人生はいわば壊れたレコードのようなものだ、と言うのです。

だからニーチェの見地によると、まずは**希望を捨てる勇気**をもつ必要があります。いつの日か救世主が降臨して正しき者に永遠の至福を与えてくれるとか、いつの日か白馬の王子さまが自分を救い出してくれるといった、他力本願の希望は捨てるべきなのです。宝くじに当たって一挙に人生の大逆転が起こることはなく、革命指導者が社会悪を一掃してくれて理想社会が到来するということもありません。**人生は虚しいものである**というのが根源的な事実なのです。

では、そのような虚しい人生をいかに生きるべきなのでしょうか？　それは**虚しい人生を**

全面的に肯定し、それを全力で抱きしめるべきなのです。

人は自分の惨めな境遇を嘆きます。そしてその惨めな境遇が何者かによってもたらされたと感じられるとき、惨めさと恨みの感情は最大化されることでしょう。あいつによって自分の運命は狂わされた、幸福になる資格のないあいつが幸福になり、幸福になる資格のある自分が不幸になったのはすべてのあいつのせいだ、と。

たしかにこれは惨めな人生です。でもその惨めさは、「あいつ」によってもたらされたのではありません。**自分の境遇の惨めさを嘆くという、まさにその心構えによって、惨めになっているの**です。

自分が惨めであると感じるのは、自分の現実のあり方が本来のあるべきあり方と異なるものであると感じられるからでしょう。でも、そんなものはないのです。**自分の現実のあり方がすべて**なのです。輝いている人というのは、「自分もあんなふうだったらいいのに」とか「自分も本当はああなっていたはずなのに」などと、理想像と対比して現実の自分を嘆くようなことは決してありません。むしろ、現実の自分を全面的に肯定できるということが、その人を輝かせているのかもしれません。

人の境遇は様々です。でも、いかなる境遇であれ、そのような境遇を受け入れ、むしろ「**それは私が望んだものなのだ**」というように考えることはできます。

人間の偉大さを言い表すための私の定式は、運命愛である。すなわち、何事によらず現にそれがあるのとは違ったふうなあり方であってほしいなどとは決して思わないこと、前に向かっても、後ろに向かっても、永劫にわたっても絶対に。中略――そうではなく、必然を愛すること。

（ニーチェ著、川原栄峰訳「この人を見よ」『ニーチェ全集15』ちくま学芸文庫、75頁）

回 まとめ

ともすると人は自分の境遇のネガティブな面ばかりに気をとられてしまいます。自分の容姿、自分の収入、自分の学歴、会社の無能な上司などなど。けれども、それこそが人生なのです。考えてもみてください。映画や小説などで私たちが主人公に共感できるのは、めぐまれない境遇のなかで奮闘する物語ではないでしょうか。主人公が資産家の名家に生まれ、容姿端麗、才色兼備、人柄も申し分なく、温かい家族に見守られてすくすくと育ち、友人・知人たちも非の打ち所のない人格者ぞろいで、これといった困難も障害もなく、それはそれは幸福な人生でした……などという真実味のかけらもない物語を、誰が本気で楽しめるでしょうか。**私たちは人生にドラマを求めている**のです。

人生は劇場です。自分の人生は、自分が主役であるところの舞台にほかなりません。もし主人公であるあなたが苦しい境遇にあるとすれば、むしろ舞台は整ったと言うべきでしょう。主役として最初で最後の機会、まさに一世一代の大舞台です。私たちはこの人生という舞台をどう演じるのでしょうか。

ニーチェは、私たちがエキストラでも観客でもなく、人生の主役であることを大声で告げた哲学者だったのです。

◎キリスト教は、その偽善的な性格により無効となっている（神の死）。
◎神なき時代において、人は自分を偽らず、自分らしく全力で生きるべき。

第11章 世界にひとりだけの私【ハイデッガーとサルトル】

かつての大学生にとって、同時代のフランスの哲学者**ジャン＝ポール・サルトル**（1905–80）（図35）は圧倒的なヒーローでした。その著書『存在と無』を小脇に抱えてキャンパスを歩くのが一種のステータスだったそうです。

なぜそれほど人気があったかというと、サルトルが徹頭徹尾、**反政府主義的な知識人**だったという事情が深く関係していると思われます。「知識人の帝王」と言われるほど世界的に著名な哲学者であったにもかかわらず、彼は地位を保障された大学教授ではなく、カフェで哲学書を書き、街頭で市民と討論する在野の哲学者でした。またアルジェリア独立問題やベトナム戦争をめぐってフランス

図35　ジャン＝ポール・サルトル（*photo: Milner Moshe*）

政府やアメリカの帝国主義を指弾し、今日にも続く有力紙『リベラシオン』を創刊して政府批判の論陣を張り続けました。こうしたサルトルの姿勢が、社会悪に敏感で既成の権威に反発する若者の共感を獲得したのは、ごく自然な成り行きと言えましょう。

そして何より、サルトルの哲学は**自由の哲学**でした。彼は、生まれも身分も関係なく、すべて人間は自分がこうありたいと思う存在になることができ、自分の選択と決断によって世界を変えられると説きました。自由を求めてやまない若者がこれにのめり込んだのも当然です。

ところが**今日、サルトルはあまり人気がありません**。1980年代頃にはすっかり「過去の思想家」になってしまい、いまでは信奉者どころか、真剣に批判しようとする者さえきわめて稀(まれ)というありさまです。もはやサルトルから学べるものはないのでしょうか？

これと大いに事情が違うのが、**マルティン・ハイデッガー**（1889－1976）（図36）です。サルトルの哲学も難解ですが、それでも、一般の人に理解できるように要約することは可能でした。だからこそ若者たちはそれにのめり込んだのです。ところがハイデッガーの哲学は、**掛け値なしに難解**であり、それを要約するのはほとんど不可能です。また、彼はナチスが政権をとったときに**ナチ党に入党**し、これを哲学的に賛美してしまった（しかも反省していない）という致命的な経歴をもっています。そんなわけで、彼は民衆のヒーローではあり得ませんでした。

ところが、サルトルとは違い、ハイデッガーは今日でも哲学研究の世界できわめて重要な哲学者とみなされており、「**20世紀最大の哲学者**」という評価がほぼ定まっています。

というわけで、今日この二人の哲学者の思想は一般にはあまり知られていないという点で共通しているのですが、いずれもとても重要かつ魅力的ですので、その一端を紹介してみましょう。

回 実存主義と存在の哲学

ハイデッガーとサルトルの二人は、一般に「**実存主義**」の哲学者として知られています。ところがサルトルと違い、ハイデッガーは自分が「実存主義者」であるということを何度もはっきりと否定し、自分は実存哲学とまったく異なる「**存在の哲学**」を探究してきたと述べています。いったいこれはどういうことでしょうか。まずは「実存

図36　マルティン・ハイデッガー（*photo: Willy Pragher*）

主義」についての説明を行ない、次にこれと異なるとされる「存在の哲学」について概略を説明したいと思います。

「実存主義」の「**実存**」とは、「現実存在」を縮めた表現で、あるものの現実のあり方を意味しています。この概念は、西洋哲学できわめて重視されてきた「**本質**」概念と対比されます。本質とは、あるものの核心的な性質のことです。たとえば靴の本質は、足に履く道具、といったものでしょう。これに対して実存は、あるものの現実のあり方を指しますから、そこには非本質的で偶然的な性質もすべて含まれることになります。たとえば「この靴」の実存においては、その形状や大きさ、汚れや臭いといったものまでが含まれます。つまり、いかなるものであれ、それを実存において捉えるならば、それは**世界で唯一無二の存在**であるということになります（図37）。

実存の概念が哲学的に重要な問題となったのは、産業革命以来の科学技術の進歩が背景にあります。高度な産業資

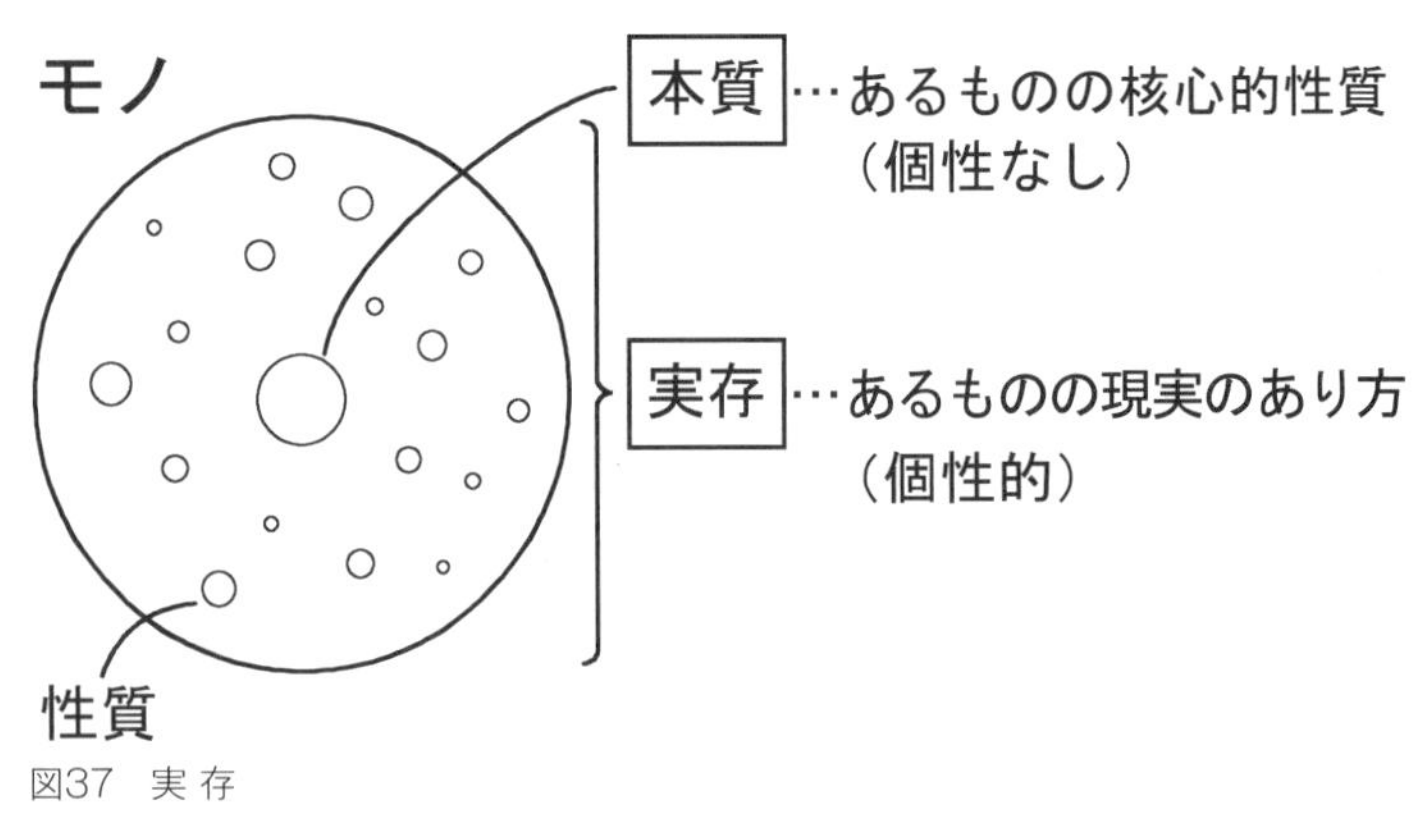

図37　実 存

本主義が姿を表す以前の時代にあっては、人はみな自分の属する身分や地域のメンバーでした。たとえば名門〇〇家の長子にして、実直誠実な葡萄農家である、というように。自分が何者であるかは、はっきりしていたのです。ところが19世紀以降の西欧社会では、産業化の荒波のなかで、人々は**何者でもないような平均的人間**になっていってしまったのです。

　そこで実存主義の思想家たちは、人間性一般に回収されてしまうことのない、**かけがえのないこの私**（＝実存）を再確立することの必要性を説いたのです。サルトルはこうした立場の代表者にほかなりません。

　今度はハイデッガーが問題としている「存在」について簡単に見てみましょう。

　ハイデッガーは、哲学において最大の課題は「**存在とは何か**」を探究することであるとしたうえで、これまでの哲学はその肝心の問いを忘却してきたと述べています。

　ここで大事なのは、**存在すること**（存在）と**存在するもの**（存在者）をはっきり区別しなければならないということです。つまり、ハイデッガーが問うているのは、「本当に存在するものは何か」ということではなく、「**何かが存在するとはいかなることなのか**」ということなのです。

　つまり、こういうことです。私たちは冷蔵庫のなかにビールが「ある」とか「（切らしていていまは）ない」などと言いますが、この場合の「ない」はビールという個々の存在者の不在を表しているにすぎません。つまり、ビールがなくとも何かしらの存在者は存在しているわけです（牛乳や麦茶など）。これに対して、何かしらの存在者を存在者として存在させているような存在そのものとはいったい何なのか、というのがハイデッガーの問いなのです。

なんでまたそんなことをわざわざ問うのか、というのが多くの人の感想でしょう。たしかに、普通はそんなことを考えもしません。忙しい現代人は、もっと考えなければいけないことがたくさんありますから（厳しい営業ノルマを達成するにはどうすればいいのかとか、生ごみをカラスに荒らされないようにするにはどうすればいいのか、とか）。でも、あらゆる議論が存在者をめぐる問いである以上、存在者の根拠への問い（これをハイデッガーは「**存在論**」と言います）は、あらゆる議論の根底に据えられなくてはなりません。そもそも**哲学者とはものごとを徹底的に考え抜くことを生業（なりわい）とする**人種ですから、誰も考えなかった事柄なのであれば、なおさら真剣に考え抜く価値があるのです。

そしてハイデッガーは、ソクラテス以来の西洋哲学はこの根源的問いを忘却してきた（**存在忘却**）として、**存在論の歴史を解体**し、ソクラテス以来の西洋哲学をすべて根本的に転換しようと、おそろしく壮大なビジョンを構想するのです。この私はいかに生きるべきか、というサルトル的な問いとはまるっきり性格の違うものであることがおわかりいただけたかと思います。

回 ハイデッガーの実存思想

ハイデッガーはサルトルと違い、存在論を打ち立てようとしていたということを説明してきました。とはいえ、ハイデッガーは存在そのものについてはあまり積極的に語っておらず（主著『存在と時間』は未完の書であり、肝心のことが書かれずじまいでした）、存在について探究する予備作業として、**実存について雄弁に語りました。**そこで、ここではハイデッガーの実存思想について見ていくとしましょう。

繰り返しになりますが、ハイデッガーの哲学的主題は存在そのものです。ところが、存在は誰もがそれについて漠然と了解している（だからこそ存在について語ることができる）にもかかわらず、いざそれを説明するとなれば、至難の業（わざ）あるいはほとんど不可能なようにも思われます。それだけ難しい問いなのです。

そこでハイデッガーは、まず存在そのものについて論じる前に、議論の手がかりとして、存在者を図38のように二つに分類するところから始めます。

「**事物的存在**」とはモノのことです（机やカナヅチや白菜など）。これに対して「**現存在**」は、わかりにくい表現ですが、要するに人間のことです。だったら最初からそう言えばいいのにと言いたくもなりますが、ハイデッガーにはそうした日常的・生物学的な言い方をしたくないきちんとした理由がありました。

「現存在」とは生物学的な人間を意味するわけではありません。そうではなく、存在の意味についての根源的問いが問われる「場」という意味で、「現存在」という表現が使われています。

さて、では現存在としての人間はいかなる仕方で存在しているのでしょうか。事物的存在（モノ）は単に存在するだけであって、それ以上でもそれ以下でもありません。モノは歓喜することも打ちのめされることもなく、葛藤することも酩酊（めいてい）することもありません。ただ存在しているだけで、そのまま永遠に存在し続けます。

ところが人間は違います。人間は**世界‐内‐存在**しているのです。

「世界‐内‐存在」というハイデッガー用語はきわめて誤解されやすいものです。字面だけを見れば、あたかも世界という器のなかに人間が存在しているかのようにも見えますが、これは違います。というより、ほとんど正反対なのです。冷蔵庫のなかにビールが入っているとか、鞄の中にノートが入っていると言うのと同じような意味で、世界のなかに人間が入っているわけではないのです。それは、事物的存在の存在様式にほかなりません。現存在としての人間は、

事物的存在	…モノのこと（単に存在するだけ）
現　存　在	…人間のこと（存在の意味を問う）

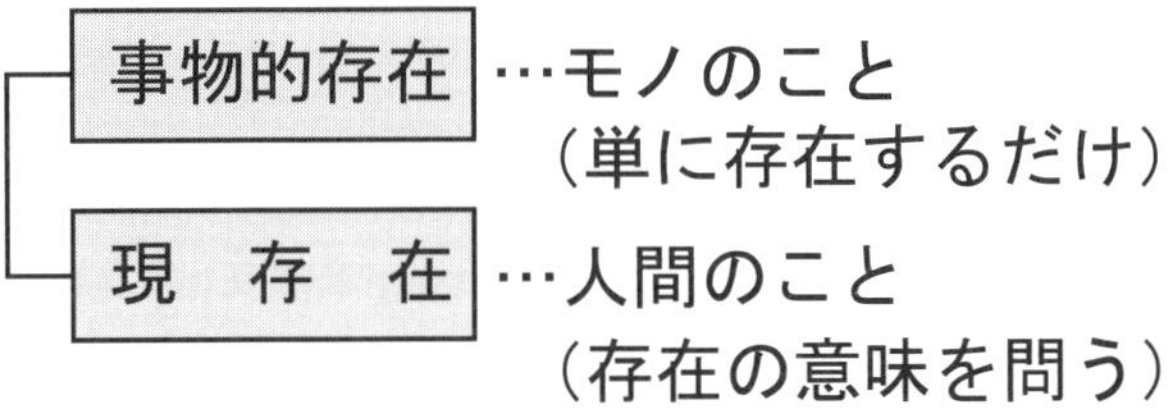

図38　存在者

物理的な空間としての世界の内側にいるのではありません。そうではなく、**人間は世界を生きている**のです。

ここで言う「世界」は物理的空間ではありません。やや乱暴に言えば、この「世界」は各人がもっている主観的世界なのです。人は誰しもがそれぞれ異なる世界をもっています。自分の価値観や過去の体験などによって体系化された自分だけの世界のなかを、人は生きているのです。この点で、石ころやビール瓶などのように、ただ物理的空間に存在しているだけの事物的存在と現存在は決定的に違います。人間が世界-内-存在であるというのは、こういう意味なのです。

さて、そのような存在として、人は生において様々な**不安**に直面します。というのも、世界-内-存在としての人間は、宿命的に自己の周囲に**関心**を向けざるを得ないからです。石ころやビール瓶は自分の周囲に対して完全に無頓着に存在し続けられますが、人はそうはいきません。人は、絶えず周囲のモノやヒトに関心を差し向け、それに何かしらの意味（あるいは無意味）を与えずにはいられないのです。

そのように周囲に関心を向けると、人は他者と自分の関係性などに不安を覚えるようになります。そしてそうした不安に襲われると、人は得てして**気晴らし**に向かいます。他者と同調して他人の噂話などで盛り上がったり、テレビのバラエティ番組などで気を紛らせたり。これは私たちが「ストレス解消」として日々行なっていることですが、その際に**私たちはもは**

や固有の存在（実存）ではなく、単なるヒトの群れの一員に成り下がっています。

こうしたありようを、ハイデッガーは「**ダス・マン**（世人）」と呼んでいます。みずからの固有性を失い、何者でもないその他大勢の一員にすぎず、大量生産された規格品にすぎないような、人間の**頽落**（たいらく）した姿だという意味です。

多かれ少なかれ社会の歯車として生きざるを得ない私たちが、「ダス・マン」としての性格を帯びることはある意味で避けられないでしょう。ただし、それでも人はふとしたことをきっかけに、自己の根源的な固有性に目覚めることがあります。ハイデッガーによると、それは自分が「**死への存在**」であることを自覚する瞬間です。

死とは、どれほどの富豪も権力者も避けることができず、また一度きりしか経験できないという、きわめて独特で比類のない出来事です。つまり、**死をいかに死ぬかということは人生において決定的な問題**なのであり、ここにおいて自己の固有性（私らしさ）が本当の意味で問われてくるのです。

ところが、**ほとんどの人は死から目を背けています。**しばしば「太陽と死は直視できない」と言いますが、人は、自分がいずれ死ぬということを知っているはずなのに、それに気づかないフリをして生きているのです。当然と言えば当然でしょう。次の瞬間に死ぬかもしれないと真剣に思い悩んでいたら、来週締め切りの仕事や今日の夕飯メニューなどについて検討できなくなってしまいますから。（ハイデッガーと違って）現代人は忙しいのです。

とはいえ、死から目を背けた生き方が**非本来的な生き方**であることも否定できません。そして、身近な人の突然の死などに直面したときに、人ははじめて人間が「死への存在」であることを発見するのです。いま「発見」と言いましたが、たしかに人は、普段（つまりダス・マンとして生きているとき）、人が死ぬものであるという自明すぎる事実から目を背けているのです。あたかも永遠に生が続くかのように、自分を欺き（あざむ）ながら生きているのです。だから、身近な人の死に直面したり、自分の余命がわずかであることを宣告されたりしたときに、ようやく「死への存在」であることを発見し、自分の**本来的な生き方**をはじめて真剣に吟味するようになるのです。

これがハイデッガーの実存思想です。

回 サルトルの実存主義

次に、サルトルの思想について見ていきましょう。

まず、サルトルはハイデッガーと同様に、モノと人間は根源的に存在様式が異なっていると言います。そのことは、**モノが「本質が実存に先立つ」のに対し、人間は「実存が本質に先立つ」**、と表現されます。

モノについて「本質が実存に先立つ」と言われるのは、モノの本質はあらかじめ決まっている、ということです。たとえば自動車は、それが「自動車」と呼ばれるものである以上、軽自動車であろうとショベルカーであろうと、自動車の本質を必ずもっています。

これに対して人間はまったく事情が異なっています。サルトルによると、**生まれたばかりの人間はまだ何者でもありません**。たしかに、赤ん坊でありながら、すでに外科医であったりホームラン王であったり金細工師であったりということは、決してないでしょう。つまり、人は生まれた瞬間には本質をもたない単なる実存であり、**その人が何者であるのか（その人の本質）というのは、その人が自分の人生のプロセスのなかで少しずつ選択し、決断し、創造していく**ものなのです。これが「実存が本質に先立つ」の意味です。

でも、人は本当にそんなに自由な存在なのでしょうか？　拳銃をこめかみに突きつけられて、何かしらの契約書へのサインを強要されてしまうようなこともあります。それでも人は自由であるなどと言えるのでしょうか？

サルトルによると、答えは「イエス」です。

いかなる状況にあっても、人間には何かしら選択肢があります。牢獄に置かれた囚人であっても、釈放後のプランを練り上げたり詩作したり筋トレをしたり、といった選択肢がありま す。拳銃を突きつけられたとしても、堂々とサインを拒否して、信念と大義に殉じるという選択肢があります。そして、そうした無数の選択の積み重ねが人間を形成するのです。したがって、サルトルにとって、**人間は一〇〇%自由な存在**なのです。

というわけで、サルトルによると、人間はいっさい言い訳の許されない「自由」という運命のもとに置かれています。今日の自分は昨日の自分がつくり上げたものであり、明日の自分は今日の自分がつくり上げるのです。両親のせいで性格が曲がったとか、予備校のせいで受験に失敗したといった言い訳は、決して通らないのです。**すべては自己責任**です。これをサルトルは、「**人間は自由の刑に処せられている**」と表現しています。

とんでもなく重い思想ですよね。あなたにかかわる出来事はすべて例外なくあなたの責任だと言うのですから。

しかも、サルトルの考える責任はとてつもなく範囲の広いものでもあります。彼は「自分の人生には自分で責任を負え」というありきたりなことを言っているのではなく、人間は365日24時間、**全人類に対して責任を負っている**と言います。

なぜ「全人類への責任」まで生じてしまうのでしょうか？　それは、人間が他者との関係性のなかを生きているからです。もし私が駅前である伝染病ワクチンの募金に応じるなら、それで一人の少年の命が救われるかもしれません。ということは、逆に、もし私が募金に応じないならば、その選択によって**本来救えたはずの一人の少年を殺すことになる**のです。つまり、私は少年の生殺与奪の権を握っているのです。必死に勉強して医者になるとか、政府の横暴を阻止するための緊急行動に参加するとか、そうした選択と決断と努力とが、全人類に影響を与えるのです。

こうしたことを自覚するならば、日々を「何となく」生きるようなことが許されないのは明らかです。もちろん一瞬一瞬の選択がいかなる結果を生むのかは、誰にもわかりません。ただ、それが何かしらの影響を全人類にもたらすことだけはたしかであり、そのことを深く自覚すべきだというのがサルトルの主張なのです。

これをサルトルは、「**アンガージュマン**」という言葉で言い表します。アンガージュマンとは「社会参加」「自己拘束」などと訳されるフランス語です（英語圏では一般にcommitmentと訳されます）。「主体的な選択」のことだと思っていただければよいでしょう。

サルトルが挙げている事例を紹介しましょう。いままさにナチの脅威が迫っている。これを打倒するためにレジスタンスに加わることは人間としての義務である。ところが他方で、故郷には病身の母親が孤独に暮らしており、愛する母への孝養も尽くしたい。いったいどうするべきなのか……？

そこに「正しい答え」はありません。結局、それはその人自身が選択・決断するしかないことなのです。人生の選択はすべて同様であり、客観的に正しい答えなど、どこにもありません。大事なのは、**みずから決断してその選択に責任を負う**ことです。自分の選択が凶と出たとしても、それは自分の尊い選択の結果なのだから、それを引き受けるだけの覚悟を決めるべきだと言うのです。

回まとめ

日本の戦後教育のなかでは、「個性」が表向き重視されてきました。しかし「出る杭は打たれる」というように、それが表面的なものでしかなかったことは明らかです。学校においても企業においても、本当のところ、**日本では個性など求められていない**のです。集団のなかに没入できる従順な人間が求められているのです。けれども、そのように群れの一員に徹するところに人間の尊厳はあるのでしょうか。

どれほど集団に没入しても、人は自分のなかに何かしら固有の価値があることを否定し切れないでしょう。ハイデッガーやサルトルを通して、そのことが確認できるように私には思われます。

◎ハイデッガーは、死を直視することで、人はみずからの固有性を発見できると考えた。
◎サルトルは、人は自由であるということの責任を背負いつつ能動的に生きるべきだと訴えた。

第12章 正しさって何だろう？【プラグマティズム】

ここまで様々な哲学潮流について見てきましたが、そもそも哲学とは何でしょうか？　どのような営みが哲学なのでしょうか？　この問いに対しては、哲学者の数だけ答えがあるかもしれませんが、大雑把にまとめさせてもらえれば、**哲学とはものごとを徹底的に吟味する営み**だと言うことは許されることでしょう。第1章で見たように、もともと「哲学 Philosophy」とは「知を愛する」ことであり、真理を探究する営みだったのです。この点について、アリストテレスは「人間は生まれつき知ることを欲する」とも表現しています。というわけで、真理を探究し、**ものごとを理論的に把握する**ことこそが哲学において最も重要な点であったと言えましょう。

ところが、このような哲学の理解に対しても異論を提起するグループがいます。それが19世紀末のアメリカに生まれた**プラグマティズム**です。プラグマティズムは「実用主義」とも訳され、金儲けに役立つなどの「実用」ばかりを追求するアメリカ的なお気軽な思想として、しばしば蔑(さげす)まれてきました。けれども、近年ではプラグマティズムへの再評価が高まっており、ハイデッガーやウィトゲンシュタインの哲学と同等の意義をもつ、とさえ評する哲学者も現れています。
本章ではプラグマティズムの概略について見ていきましょう。

▣プラグマティズムとは

創始者を一人の人物に帰せられるスポーツというのは多くありませんが、バスケットボールはその数少ない例外です。バスケットボールは、1891年にジェイムズ・ネイスミスというカナダ出身の体育教師がアメリカ・マサチューセッツ州で考案しました。これと似た事情が、プラグマティズムにも当てはまります。奇しくも同じ19世紀末のマサチューセッツ州で、ハーバード大学の関係者らのグループ「**形而上学クラブ**（けいじじょうがく）」において誕生したのがプラグマティズムです。

哲学の最大の特徴は、観察や実験によらずして、ものごとを徹底的に考え抜くという点にあります。ところがこうした思弁的な態度に対しては、現実を見ずに空理空論をもてあそんでいるだけではないのかという批判が寄せられています。そしてそのような批判を哲学の内部から早い段階で始めた立場こそがプラグマティズムだったのです。このグループは、伝統的で思弁的な哲学（＝形而上学）への挑戦の意味合いで、敢えて「形而上学クラブ」を名乗りました。

では、形而上学クラブのメンバーたちは知識や理論の正しさをどうやって検証するのでしょうか？　結論をひとことで言えば、**行為によって**、です。

たとえば、目の前にあるプリンが美味しいかどうかについて、伝統的な哲学者であれば、その素材や製作者、製法などによって、また場合によっては気象条件や製作者の心理状態、さらには家族の信仰などをも総合的に吟味し、それらから論理的に結論を導こうとするかもしれません。これに対してプラグマティストたちは、**プリンの味は一口食べてみればわかる**と考えます。つまり、ただ頭で考えるのではなく、実際にやってみればよかろう、というわけです。彼らの立場は、「行為」を意味するギリシア語 pragma から、「プラグマティズム」と名乗りました。

少々伝統的な哲学（＝形而上学）を揶揄しすぎたかもしれません。けれども、中世のスコラ哲学をはじめとして、伝統的な哲学はたしかに現実から遊離した空理空論をもてあそびがちであり、その欠点を鋭く突いたのがプラグマティズムだったのです。

プラグマティズムはアメリカ生まれ、アメリカ育ちの哲学です。これがアメリカで生まれ育ったことには明らかに必然的な理由があります。プラグマティズムが生まれた頃のアメリカは、まだ建国からわずか１００年しか経っていない若い国でした。つまり、縛られるべき伝統も旧弊もきわめて少なく、自分たちの努力次第で多くを獲得することのできる希望の国だったのです。人々は失敗をおそれずに様々な事柄に挑戦し、失敗してもくじけずに再チャレンジする。成功した者は自分で道を切り開いた者であるとして尊敬されるような国だったのです（この事情は、今日でもそれほど変わっていないかもしれません）。

つまり、**何ごともみずからの実践によって解決していくというアメリカの気風が、思想においても実践の優位という形で結実した**のです。

回 パースのプラグマティズム

さて、形而上学クラブの創始者にして「プラグマティズム」の名づけ親が、**チャールズ・サンダース・パース**（1839－1914）（図39）です。

パースはニューイングランドの名門の出身で、ハーバード大学などで学び、哲学・数学・論理学で天才的才能を見せたことから、弱冠28歳でアメリカ学芸科学アカデミーのフェローに選ばれています。ところ

図39　チャールズ・サンダース・パース

が離婚歴が災いするなどして、とうとう最後まで大学での正規ポストは獲得できませんでした。

というわけで、失意のうちに後半生を送ったパースですが、ともあれ彼は**プラグマティズムとは何か**ということを、次のように定式化しています（**プラグマティズムの格率**）。

ある対象の概念を明晰に捉えようとするならば、その対象が、どんな効果を、しかも行動と関係があるかもしれないと考えられるような効果を及ぼすと考えられるか、ということを考察してみよ。そうすればこうした効果についての概念は、その対象についての概念と一致する。

（パース著、上山春平・山下正男訳「観念を明晰にする方法について」『世界の名著48』中央公論社、89頁）

わかりにくい言い回しですが、ひとことで要約すれば、「**ある概念の意味は行為がもたらす効果と一致する**」ということです。つまり、パースによれば、あらゆる概念は――それが無意味なものでない限り――何らかの形で実践・行動に移せるはずであって、その結果こそが概念の意味なのだ、というわけです。

たとえば「硬い」という概念について考えてみましょう。

「硬い」というのは「性質」を表す概念で、それ自体としてどこかに転がっているものではありません。したがって、それについて真偽を問うのは簡単ではないのですが、これを「叩いても壊れない」というように言いなおせば、話は簡単になります。つまり、「叩く」という行為を補助線に加えることで、意味が明らかになるのです。

ここにあるブロック塀は「硬い」ものであるように思われますが、それが事実かどうかは、手のひらや拳などで叩いてみればいいのです。もし見た目どおりにコンクリート製であれば、叩いても壊れないでしょうから、「硬い」と言っていいことになります。ところが予想に反してボール紙に巧妙な塗装を施しているだけのものであれば、すぐにぐにゃりと曲がってしまいますから、「硬くない」ということになります。

なぜこんな議論が重要なのでしょうか？　それは、**伝統的な形而上学でしばしば見られたナンセンスな議論をしりぞけるのに役立つ**からです。

何らかの議論において、その正しさを検証するには、まず意味と内容がはっきりしていなければなりません。何とでも解釈できる曖昧な主張では、科学的な議論は不可能です。その点で、この「プラグマティズムの格率」を用いれば、難解な概念も検証可能なものとそうでないものがすぐにわかります。つまり、もっともらしく見えるが単なるこけおどしにすぎないような概念は、これによって排除することが可能になるのです。

こうしてパースは、認識を行為と結びつけることによって、伝統的な形而上学につきまとう曖昧さを払拭する道を切り開いたのです。

回「真理の有用性」――ジェイムズの哲学

パースがプラグマティズムの創始者だとすれば、プラグマティズムの普及者と言えるのが、**ウィリアム・ジェイムズ**（1842 - 1910）（図40）です。弟のヘンリー・ジェイムズもたいへんな有名人で、アメリカ文学史を代表する作家でした。

ジェイムズはパースの親友でもあり、パースの創始したプラグマティズムを世に広めることに尽力し、生活に困窮した後半生のパースを経済的に支えることまでしています。もっとも、パースのほうはジェイムズがハーバード大学の教授となって世間的に成功を収めたことに複雑な感情をもっていたようでした。ジェイムズが著書『プラグマティズム』で世界的に有名になると、自分の理論が歪曲（わいきょく）されたとしてヘソを曲げ、ジェイムズの立

図40　ウィリアム・ジェイムズ

場が「プラグマティズム」ならば、自分の立場は「プラグマティシズム」だなどと言ったりしています。

ともあれ、ジェイムズはまず心理学者として成功を収め、次いで哲学者としても、巨大な賛否両論の反響を招く主張を行なって、華々しい足跡を残しました。ではジェイムズの思想を見ていきましょう。

ジェイムズの思想の特徴は、なんといっても徹底した**相対主義**的な姿勢にあります。彼は、真理とは客観的に成立するものであるという、西洋哲学の伝統的考え方を根本的に否定したのです。

> 観念というものは、それを信じることがわれわれの生活にとって有益であるかぎりにおいて「真」である。
>
> （ジェイムズ著、桝田啓三郎訳『プラグマティズム』岩波文庫、61頁）

普通、理論の正しさとその**有用性**（役に立つということ）は、別物だと考えられています（正しいからといって有用だとは限らない）。ところがジェイムズは、正しさそのものがどこかにゴロリと転がっているわけではないと考えます。正しさというものは、ある理論が有用であるときに、はじめてそこに認められるものだと言うのです。つまり、簡単に言えば、**「使える理**

論」が正しい理論なのです。

けれども、もし真理が「有用性」に還元されてしまうのだとすれば、有用性は人それぞれですから、**真理も人それぞれということになってしまうのではないでしょうか？** ある意味ではまさにそのとおり。ジェイムズは、人々がそれぞれ「その人にとっての真理」をもっていると言います。したがって、宗教的信念のようなものについても、それを信じることでその人が心に安らぎを得たり勇気をもって人生を歩むことに資するものであれば、つまり**それを信じる人の役に立つのであれば、その宗教はその人にとって真理**なのです。

「では、オウム真理教も信者にとっては真理なのか？」などと問う人がいるかもしれませんが、答えはイエスです。ただし、もちろんオウム真理教が客観的に正しいということではありません。あくまでそれを信じる人にとっては真理である、ということです。人はみな自分なりの信念をもっている。ジェイムズが言いたかったことは、このような**価値多元主義**なのです。

ジェイムズ流の価値多元主義には明らかな利点があり、またジェイムズなりの切実な問題意識がありました。価値多元主義の利点とは、**根本的に異なる価値観が衝突した場合に、それらのあいだで決着をつける必要がなくなる**、ということです。つまり両方ともそれなりに正しい、とすればいいというわけです。

今日の日本でも、原発問題や安全保障問題などをめぐっては、非常に鋭い意見の対立が見られます。ここには根源的な価値観の対立などが背景にあると考えられますから、明確な意見をもった人は、滅多なことでは自分の意見を変えません。したがって、人々は何かしらの合意点に向かうどころか、対立が先鋭化する一方ということになりがちなのです。

価値多元主義の立場によると、このように**鋭く意見の対立する問題については、自分と異なる意見についてもまずは尊重して敬意を払うべき**だということになります。これは価値観の多様化する現代を生きるにあたって、とても大切な視点でしょう。ジェイムズは、南北戦争によってアメリカ社会に深刻な亀裂が走っていた時代を生きました。彼は、分裂と反目の時代にあって、人々がともに生きるために必要な思想を模索した末に、価値多元主義の哲学に辿り着いたのです。

回 道具主義――デューイのプラグマティズム

最後に紹介するのは、**ジョン・デューイ**（1859－1952）（図41）です。

デューイは名門のシカゴ大学やコロンビア大学で研究生活を送り、哲学だけでなく教育学の世界にも第一人者として絶大な影響を与えました。政治や社会についても積極的に発言をし、20世紀前半のアメリカを代表する知識人であったと言えるでしょう。

さて、デューイは自分の立場を「**道具主義**」と表現しています。

これは、**理論や知性は問題を解決するために有用な道具でなければならない**、という立場のことです。釘をうまく打ち込むことのできない金槌（かなづち）がダメな金槌であるのと同様に、問題解決に役立たない理論はダメな理論だ、というわけです。

いま「**問題解決**」と言いましたが、デューイはこの「問題解決」というものをとても重視しています。そしてこの問題解決を行なう能力を「**知性**」と呼んでいるのです。この点についてもう少し説明しておきましょう。

図41　ジョン・デューイ

知性とは何でしょうか？　もしかすると、計算問題を素早く解くことができるとか、歴代天皇を暗記しているといった、要するにテストで高得点をとる能力などをイメージする人もいるかもしれません。でも、デューイによると、知性とはそうしたものではありません。

人は生きていくなかで、様々な問題に直面します。腰痛が悪化するとか、仕事で失敗が続くとか、育児のストレスを夫が理解してくれないとか。このように従来の習慣的生活ではうまく処理できなくなってしまう状況を、デューイは「**問題状況**」と呼んでいます。問題状況に陥ること自体は、避けられません。肝心なのは、問題状況にうまく対処できるかどうかです。デューイによると、このようなときに**直面する問題を解決する能力こそが知性**なのです。単に知識をもっているということと区別する意味で、デューイはこの問題解決能力のことを「**創造的知性**」とも表現しています。

さて、問題解決は次のようなプロセスで行なわれます。

まずは、問題の原因と解決策について**仮説**を立てる必要があります。たとえば腰痛が悪化したのは、長時間のデスクワークと運動不足が原因だから、適度な休憩をとりストレッチを行ない、さらに腹筋と背筋を強化していけばいいのではないか、というように。

次に、仮説が正しいかどうかを、実践によって**検証**します。仮説が正しければ腰痛は改善するでしょうし、正しくなければ改善しないでしょう。改善しないときには、新たな仮説を立て（骨か神経に問題があるのではないか、とか）、それを検証すればいいのです。

こうして仮説と検証という**試行錯誤**のプロセスを経て問題を解決するというのは、科学的探究のプロセスとまったく同じです。日常生活における問題解決も、あるいは社会問題の解決も、科学の進歩と同様にすべきだというのが、デューイの考え方なのです。

デューイは教育学の世界でも重要な位置を占めていると述べましたが、彼によると、**学校**とは、死んだ知識を詰め込むためではなく、ここまで見てきたような創造的知性を身につけさせるためにこそ存在します。いま風に言えば、「**生きる力**」を習得させる、というわけです。

では、なぜ創造的知性はそれほど大事なのでしょうか？　それは、**民主社会の危機**を克服するために創造的知性が欠かせないからです。

民主社会は、一人ひとりが自分の頭で考え、自分の責任で行為するということを前提にしています。ところが20世紀前半の大衆社会状況において、人々は次第に単なる歯車となっていき、全体主義的な流れが強まってしまいました。そこで、民主社会を再生するためには、権威に盲従することなく、社会の成員を尊重し合い、ともに問題を解決していく知性的な人格を育てることが必要だと、デューイは考えたのです。

回まとめ

パース、ジェイムズ、デューイの3人はそれぞれ個性をもった哲学者であり、そこには興味深い思想的相違が見出されます。とはいえ、彼らはみな哲学において実践のもつ決定的意義を強調した哲学者であって、そのことは哲学史においてとても重要なことでした。

かつての哲学では、主観と客観の二元論が前提され、これを前提とする認識論こそが哲学の最重要テーマとされてきました。けれどもプラグマティズムの登場によって、人間の認識活動は社会的実践の一つにすぎないということが明らかにされ、価値観の対立する世界で「客観的に正しい認識」を偏執(へんしつ)的に追究して衝突を繰り返すことの愚かさが示されたと言えるのです。

◎これまでの哲学は、ものごとの理論的把握こそが哲学の使命だと考えてきた。
◎プラグマティズムは、真理は実践によって初めて検証されることを強調した。

第13章 理性の宿命と可能性［フランクフルト学派］

西洋近代の哲学は、基本的に歴史の進歩を信じ、理性が人々を解放するという筋書きを自明のものとしていました。これはベーコンやデカルトのような近代哲学の確立者たち、カントやヘーゲルのようなドイツ観念論の哲学者たち、それにマルクスのような革命の哲学者たち、さらにデューイのようなプラグマティストたちと、多くの点で異なる見解をもった思想家たちが共有していた信念です。

ところが20世紀に入ると、ヨーロッパでも**歴史の進歩という前提を疑問視し、理性の抑圧的側面を強調する哲学**が目立つようになっていきます。

本章では、そうした思想を牽引（けんいん）したフランクフルト学派の思想について見てみましょう。

◎フランクフルト学派とは

フランクフルト学派とは、１９２０年代以降、主にドイツとアメリカで活躍した一群のユダヤ人哲学者グループのことです。1923年に設立されたフランクフルト社会研究所に集ったメンバーであることから、「フランクフルト学派」という呼び名が定着しました。

その主要なメンバーは、次のとおりです。

マックス・ホルクハイマー（1895－1973）
テオドール・アドルノ（1903－69）
ヴァルター・ベンヤミン（1892－1940）
エーリッヒ・フロム（1900－80）
ヘルベルト・マルクーゼ（1898－1979）
ユルゲン・ハーバーマス（1929－）
アクセル・ホネット（1949－）

上記のメンバーのうち、戦後世代に当たるハーバーマスとホネット以外はフランクフルト学派の「第一世代」と呼ばれ、**彼らはナチズムの時代に活躍しました**。ナチズムの時代にドイツでユダヤ人であるということは、たいへん過酷な運命であることが容易に想像できることでしょう。ナチスが1933年に政権を獲得すると、彼らの多くはアメリカなどに亡命し、亡命先でも研究活動を続けました。

そんな立場ですから、彼らが何より関心をもっていたのは、**なぜファシズムが成立してしまったのか**、ということです。カントやヘーゲルといった偉大な哲学者を生んだドイツで、なぜナチズムのような野蛮が成立してしまったのか、ファシズムという病の根源はどこにあるのか、これが彼らの最大の研究テーマとなりました。

もともと彼らは**マルクス**に強い関心をもっていました。

ドイツ生まれのユダヤ人哲学者という点で、マルクスは彼らの「先輩」に当たるわけですが、現存する資本主義の秩序が永遠のものではなく、また万人に幸福をもたらすどころか社会のごく少数のブルジョワジーによる搾取(さくしゅ)を約束するシステムにすぎないというマルクスの基本的考え方は、ホルクハイマーたちが全面的に同意できるものだったようです。

ところが、彼らは普通のマルクス主義者たちとは明らかに一線を画していました。ファシズムの時代にも冷戦の時代にもソ連のあり方を厳しく批判し、またドイツ共産党などの政治組織には加わりませんでした。

ところで既存のマルクス主義(「正統派マルクス主義」「ロシア・マルクス主義」などと言われます)の特徴としては、次のように考える点が挙げられます。

・経済的土台が思想や文化を決定する。

・ブルジョワジーのイデオロギーと違い、マルクス主義こそ真の科学である。
・前衛政党（＝共産党）が指導する階級闘争が歴史をつくる。

こうした発想は、フランクフルト学派の哲学者たちにとって、あまりにものごとを単純化しているように感じられました。そこでこうした教条主義を鋭く批判しつつ、しかし現実社会に対するマルクス的な批判のエネルギーを徹底していこうとしたことから、彼らの理論は**批判理論**とも言われます。

また、フランクフルト学派の哲学者たちは**フロイトの精神分析理論**からも強い影響を受けました。フロイト（１８５６－１９３９）（図42）もまたドイツ語圏のユダヤ人です。西洋近代の思想は、デカルトを典型として、自我を出発点に据えてきました。自我こそが最も確実なものだと考えられたからです。ところがフロイトは、人間の意識的な「自我」は心のごく一部を占めているにすぎず、広大な無意

図42　フロイト

識の領野に発する衝動によって人間は突き動かされていると論じました。この深層心理を探究するのが精神分析学です。フランクフルト学派の哲学者たちは、この精神分析理論を援用し、ファシズムへと傾斜していった人々の深層心理を暴露しようとしたのです。

回啓蒙の弁証法

さて、フランクフルト学派の第一世代のリーダーが、フランクフルト社会研究所の所長であった**ホルクハイマー**です。そしてこのホルクハイマーが年下の**アドルノ**（図43）と亡命先のアメリカで書いたのが、『**啓蒙の弁証法**』（1947年）です。きわめて難解な本ですが、フランクフルト学派の多くの作品で最も有名なものと言えましょう。『啓蒙の弁証法』の主題は次のとおりです。

何故に人類は、真に人間的な状態に踏み入って

図43　ホルクハイマー（左）とアドルノ（右）（*photo: Jeremy J. Shapiro*）

いく代わりに、一種の新しい野蛮状態へ落ち込んでいくのか

（ホルクハイマー、アドルノ著、徳永恂訳『啓蒙の弁証法』岩波文庫、7頁）

西洋近代の思想家たちのほとんどは、啓蒙主義者でもありました。つまり歴史は進歩するものであり、無知蒙昧な状態にあった人々は次第に理性に目覚め、科学的な見地を獲得していくであろう、という確信を抱いていました。

ところが、こうした啓蒙主義的な進歩史観では、ユダヤ人６００万人を殺戮したナチスの蛮行が実現してしまったことをうまく説明できません。また原子爆弾の惨劇も説明できません。人類が20世紀に経験した無数のおぞましい出来事は、人類の進歩の歴史における単なる例外的事件と言うには、あまりに深刻です。そこで**アドルノたちは、20世紀の悲劇を近代的理性の必然的帰結として描いた**のです。

このことをアドルノたちは、**神話と啓蒙**という概念を用いて説明しています。

一般的に、神話と啓蒙は正反対のものとみなされていると言えましょう。つまり、神話が世界を呪術的に説明する非合理的な見方にすぎないのに対し、啓蒙（科学）は世界を合理的に説明するものである、というわけです。だから近代化とは脱呪術化のことであり、進歩にほかならないとされます（図44）。

ところがアドルノたちは、この構図は根本的に間違っていると言います。というのも、神話と啓蒙は明確な対立物などではないからです。結論を先に言うと、彼らの見地では、**神話にはすでに啓蒙の要素が含まれており、また啓蒙には野蛮で暴力的な要素が含まれている、**とされるのです。

どういうことか説明していきましょう。

まずは神話に啓蒙の要素が含まれているという点について。

アドルノたちは、ホメロスが書いたとされる古代ギリシアの叙事詩『オデュッセイア』について、詳細な分析を行なっています。『オデュッセイア』はトロヤ戦争の英雄オデュッセウスが10年間の漂泊の末に帰国する物語で、そこには「セイレーン」にまつわる次のようなエピソードがあります。

セイレーンとは航海者をかどわかし、餌食（えじき）にしてしまう海の怪物です。その歌声はあまりに美しく、それを聴

神　話
（世界を呪術的に説明）

近代化（＝脱呪術化）

啓蒙（科学）
（世界を合理的に説明）

図44　神話と啓蒙の概念

いた者は例外なく虜（とりこ）にされて死んでしまいます。オデュッセウスはその歌声をどうしても聴きたいと思いましたが、もちろんこんなところで命を落とすわけにはいきません。そこで一計を案じ、船を漕（こ）ぐ部下たちには蜜蠟（みつろう）で耳をふさがせ、自分はマストに縛りつけてもらったのです。そうすると部下はセイレーンの歌に惑わされることがなく、自分は歌声を聴きつつも引きずり込まれることもない、というわけです。

このエピソードをアドルノたちは次のように解釈します。セイレーンの歌声は人間を脅威にさらす自然を象徴しており、オデュッセウスは強靭（きょうじん）な意志をもって自然を克服する**近代的自我**を象徴している、と。つまり、神話の時代から、人間は自己を合理的にコントロールし、自然の支配を目指してきた、というわけです。

だから神話から啓蒙への「進歩」は、暗闇が輝かしい世界に一転するといった劇的な変化ではなく、ごく自然な「移行」にすぎなかった、ということになります。

そして問題はここからです。アドルノたちによれば、神話が単なる野蛮でなかったのと同様に、**啓蒙も単なる進歩ではなく、むしろそこには暴力的な要素が大いに含まれている**、とされるのです。

というのも、アドルノたちによると、啓蒙的な理性とは本質的に「**道具的理性**」だからです。道具的理性とは、あらゆるものを規格化・計量化し、操作・支配の対象にしようとするものです。

道具はとても便利なものです。たとえば金槌（かなづち）を使えば釘を打つことができ、睡眠薬は不眠症を解決してくれます。でも金槌は人を殴り殺す道具にもなりますし、睡眠薬は毒薬として利用することも可能です。このように、**道具は本質的にいかなる目的にも奉仕してしまう**ものなのです。

アドルノたちによれば、近代的理性は本質的にこうした両義的な性質をもつものであって、貧しい人たちを救うことにも使える反面、ユダヤ人の絶滅といった邪悪な目的にも仕えることのできる道具的理性でもあったと言うのです。

このことは、**核エネルギー＝原子力**を考えるとわかりやすいでしょう。これは莫大なエネルギーを人類にもたらす反面、非人道的な大量殺戮兵器としても利用され、また重大事故により取り返しのつかない悲劇をもたらしてしまいます。

このように、**近代的な理性は人々を解放すると同時に抑圧してしまう**ものなのです。

ここで『啓蒙の弁証法』という著書名に出てくる「弁証法」の意味について確認しておきましょう。弁証法は「事物の発展の論理」「対立物の統一」という意味で用いられるのが一般的ですが、アドルノたちは、ここでは「反対物へと転化する力学」くらいの意味で弁証法という言葉を使っています。

つまり「啓蒙の弁証法」とは、**啓蒙（理性）が必然的に野蛮へと転化する**という事態を言い表しているのです。

この議論は色々なところで応用が効きます。たとえば世界で最も民主的な体制として登場したワイマール憲法の体制がナチス・ドイツを生み出したとか、労働者階級の解放を訴えて登場したソ連が労働者階級を抑圧する社会に成り果てた、など。

アドルノたちは徹頭徹尾シニカルです。「平和主義」「民主主義」といった啓蒙的なスローガンも、あるいは「ゲルマン民族至上主義」「五族協和」といったナショナリスティックなスローガンも、掲げられた理想とは似ても似つかぬ現実を生み出すであろうことを、彼らは知り抜いていたのです。慧眼（けいがん）というほかありません。

回「わかりやすさ」の徹底的排除

いかがだったでしょうか。

アドルノたちの批判の鋭さに深く共感できた方もいることでしょう。でも、ちょっと違和感を覚えた人もいるのではないでしょうか。彼らが様々なものを徹底的に告発するのを聞いていると、凡庸な一般大衆を見下しているようにも感じられます。

ある意味ではまさにそのとおりです。アドルノは明らかに**大衆文化を徹底的に毛嫌いする**

エリート主義者でした。彼は作曲家を志したこともあり、当時勃興（ぼっこう）していた12音音楽などの現代音楽を擁護する音楽批評家でもありました。

「12音音楽」とはピアノの1オクターブのすべての音を対等に扱うもので、したがってそこでは「ド・ミ・ソ・ド」といった調和的秩序が完全に破壊されています。これが意味するのは、私たちの耳に心地よい通俗的なハーモニーやメロディーといったものが厳しく拒絶されているということです。

つまり簡単に言うと、アドルノたちは音楽にせよ哲学にせよ、**「わかりやすさ」を徹底的に排除せねばならない**と考えていたのです。

回 ハーバーマスの「公共圏」論

さて、そんなわけで、アドルノたちは近代的理性の抱える深刻な問題を徹底的に批判したわけですが、どうしてもそこには展望の見えない悲観主義が色濃く漂っています。

これに対して、近代的理性の危険性に警鐘を鳴らすという点でアドルノたちを継承しつつ、近代と近代的理性における潜在的可能性を救い出そうと試みるのが、フランクフルト学派第二世代を代表する**ユルゲン・ハーバーマス**（図45）です。

まずハーバーマスは、近代とは市民的・政治的な「**公共圏**」が形成された時代であったと指摘します。公共圏とは、市民たちが政治や社会の事柄について自由に討論する場・空間のことであって、具体的にはコーヒーハウスや新聞などが挙げられています。これらはデモクラシーの母国である古代ギリシアにおいて、各ポリス（都市国家）の中心にあったアゴラ（広場）が果たしていたのと同様の役割を近代において担ったというわけです。

ところがハーバーマスによると、ブルジョワジー（市民階級）の政治的覇権が確立して近代市民社会が爛熟（らんじゅく）する19世紀になると、新聞などのメディアは資本と一体化して「公器」としての性格を喪失し、その他の公共圏も「再封建化」されていったとされます。公共圏は人々が世論を形成し、権力に対抗する市民的文化を育む空間でしたが、そうした場は掘り崩され、「**生活世界の植民地化**」が進んでいったと言うのです。

「**生活世界**」とは、ハイデッガーの師匠であった哲学者フッサールが使い始めた用語で、科学によって捉えられた理念的な世界ではなく、人々が直接に経

図45　ユルゲン・ハーバーマス（*photo: Wolfman Huke*）

験しているありのままの世界を指しています。たとえば科学の目から見れば地球は太陽の周囲を公転する惑星の一つにすぎませんが、私たちの生活世界においては、地球こそが私たちの生きる唯一無二の地盤であって、太陽は私たちの周りを回っているのです。フッサールは科学の捉えた世界が「真の世界」であるという見方を倒錯した世界観であるとして、生活世界に立ち返って世界観を再構築すべきだと論じました。

ハーバーマスは、フッサールのこの「生活世界」論を拡張し、現代社会において進んでいる事態を、効率化と体制の維持のみを至上命題とする「システム」による生活世界の侵食（しんしょく）であるとして、人々が自由で対等な市民として活き活きとしたコミュニケーションを交わせる公共圏の再興を訴えたのです。

回 近代的理性の可能性

では、どうすれば公共圏は再興できるのでしょうか？　アドルノたちの見地では、ハーバーマスのいう「公共圏」が侵食されてきたのは、いわば近代の宿命だったということになるでしょう。でもハーバーマスは、近代的理性に異なる可能性を見ています。

ハーバーマスは、近代的理性が一方で「道具的理性」の側面をもつものであることを認めます。道具的理性とは、対象を支配する能力のことと言っていいでしょう。これは人間がモノと向き合うときには欠かすことのできないものです。自動車を運転するときや玉ねぎを包丁でみじん切りにするときなどには、道具的理性によって適切にこれらを操らなければなりません。

しかしハーバーマスは、理性にはもう一つの側面があることを強調します。それが「**対話的理性**」です。対話的理性とは、ひとことで言えば「合意形成能力」のことです。

人は他者とともに生きる存在ですから、他者とのあいだでコミュニケーションを取り交わし、了解・合意することが欠かせません。そしてこのコミュニケーション（相互行為）の営みには、明らかに自動車や包丁を操るのとは異なる難しさがあります。モノと違い、人は自分の価値観や意見、それに自尊心をもっていますから。意に反して他者から何かを強要されることは、仮に正しいことであったとしても、不愉快に感じられるのです。この不愉快さは、道具的理性によってモノとして扱われる不愉快さにほかなりません。

でも私たちは、日常生活の実践において、相手の人格を尊重して合意形成するようなことも行なっているはずです。

たとえば恋人とのデートで、恋愛映画を観に行くか、アクション映画を観に行くか、意見が分かれたとしましょう。このときにもし、「いや、俺がアクションを観たいと言ってるんだから、アクション映画でしょ」としか言わないとしたら、この人は恋人のことを自分に都合のいい「同伴者」としか見ていないのであり、つまり道具的理性でもって相手に接しているのです。

　これに対して、同じシチュエーションでも、双方で言い分を出し合い、納得のいく結論へと合意するようなことも可能でしょう。この場合には、彼らは対話的理性でもって相手との関係を構築しようとしているのです。

　言うまでもなく、どちらの映画を観るべきかということに正解はありません。**正解のない問題について、話し合いによって落とし所を見つける能力**を、たしかに人間はもっているのです。これが対話的理性にほかなりません。

　悪魔のような所業を行なったヒトラーでさえ、恋人には優しい紳士だったと伝えられます。こうした能力について、その成立条件などを十分に研究すべきだというのがハーバーマスの立場なのです。


　以上のような相互行為の視点は、ハーバーマスの見るところ、彼自身が影響を受けたマルクスにおいても決定的に欠落していました。すなわち、マルクスは自然に向き合い自然を改変する存在として人間を把握していましたが、このように自然界に向き合う「**労働**」の営みは、人間にとって不可欠のものであるにせよ、言語的コミュニケーションによる「**相互行為**」の営みとはまったく異なります（図46）。

　そしてマルクスの構想を現実化させる試みであったはずのソ連などで、人間に対する徹底的な抑圧が生じてしまったのは、労働の視点ばかりが重視され、相互行為の視点が欠落していたからだとされるのです。

そんなわけで、ハーバーマスによると、近代的理性にはたしかに抑圧的な性質が認められるものの、そうしたものを**乗り越える可能性**も近代的理性には含まれているというのです。

回 まとめ

理性の抑圧的側面を指摘したというのはフランクフルト学派の大きな功績です。私たちの社会ではつねに効率が追求され、人間の抑圧が起こってきました。この事情は、資本主義社会であれ、ファシズムの体制であれ、社会主義の体制であれ、ほとんど変わりません。そしてアドルノたちは、これが単なる特定の悪しき政治指導者による悪しき政治支配によるものではなく、ほかならぬ近代的理性の帰結であるということを暴露したのです。

一方でハーバーマスは、こうした近代批判を継承しつつ、対等な市民が豊かな公共圏を築

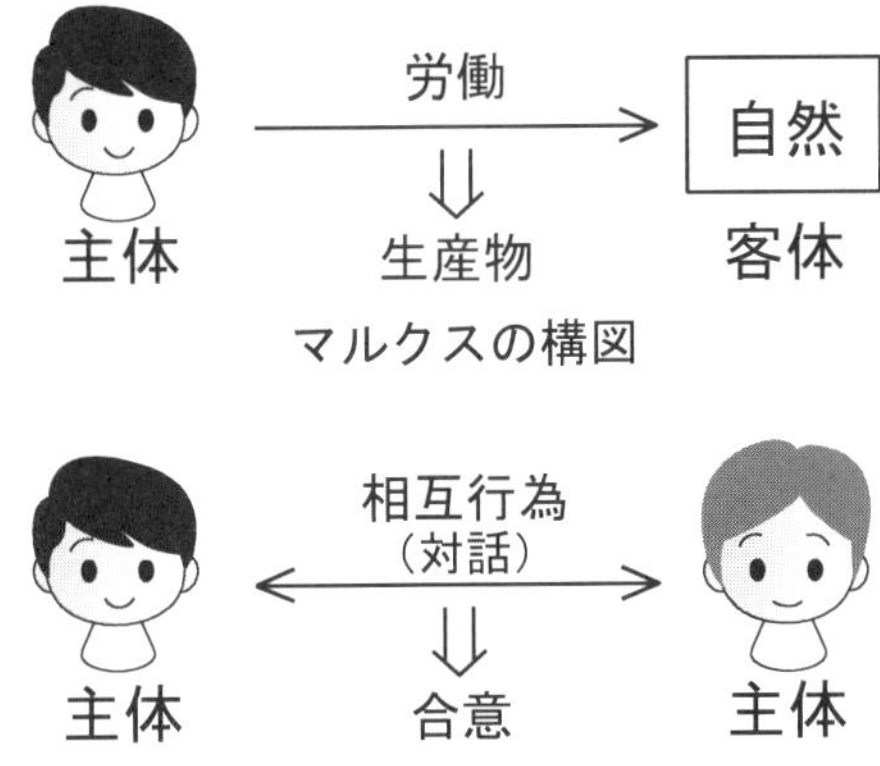

図46　労働と相互行為

く可能性もまた、近代的理性のなかに孕(はら)んでいると考えました。

ハーバーマスの見通しが楽天的すぎるという批判はありうるでしょう。けれども私たちは市民社会の一員として生きていかざるを得ないのですから、市民社会に内在する危険性を自覚しつつもその可能性に賭(か)ける、というのは私たちに可能な唯一の道なのかもしれません。

◎フランクフルト学派は、歴史の進歩と理性による人間の解放という通念を批判した。
◎ホルクハイマーとアドルノは、ファシズムが近代的理性の必然的帰結であると論じた。
◎ハーバーマスは、理性には対等な市民が公共圏を築く可能性が潜在していると論じた。

第14章 哲学の主題は言語である【ウィトゲンシュタイン】

西洋近代哲学において最も中心的なテーマは「**認識論**」でした。「私は世界を正しく認識しているのか」、「私は世界をどこまで認識できるのか」などといったテーマです。認識論はデカルトやカントによって主題的に論じられ、19世紀の終わりまで哲学の花型ジャンルであり続けました。

ところが20世紀になると、様相が一変します。**哲学の中心的な主題は、認識から言語へと移っていったのです**。つまり、20世紀の哲学は、多かれ少なかれ「**言語哲学**」となったのです。

いったいなぜそうなったのかについては、これから説明していきます。いずれにせよ、このような哲学の主役交代（これを「**言語論的転回**」と言います）において決定的な役割を果たした人物こそ、ウィトゲンシュタインでした。本章では、20世紀最大の哲学者とも評されるウィトゲンシュタインについて見ていきましょう。

回 なぜ言語が大事なのか？

さて、ウィトゲンシュタイン自身の哲学を見る前に、言語が20世紀における哲学の主役となった事情について説明しましょう。

なぜ言語は哲学の主役になったのか？

ひとことで言えば、認識論を含めたあらゆる**哲学は、言語を通して語られるほかない**からです。認識論は、客観的な世界と主観的な意識内容との関係を問題にします（図47）。でも、その「主観的な意識内容」とはどのようなものなのでしょうか？　主観的な意識内容は、本質的に私秘的（個人的）なものです。他人の心は逆立ちしても覗くことができないからです。したがって、私秘的な意識内容は、言語という形で語られない限り、それについて議論することさえできないのです。私たちは認識について論じたいときであっても、言語を用いざるを得ないのです。

とはいえ、言語がもし意識内容に形を与えるための透明のフィルターのようなものだとすれば、ことさらに言語について哲学的な検討を加える必要性はないでしょう。でも、言語は

図47　認識論

透明のフィルターなどではないのです。これこそが言語が哲学の主役となった第二の理由なのですが、私たちは**言語によって思考している**のです。

「言語によって思考する」とは、次のようなことです。

私たちは一般に、まず意識内容があって、それが言語によって表現される、と考えがちです。つまり、言語は意識内容に貼り付けられるラベルのようなものだ、というイメージです。でも、その場合のラベルが貼り付けられる以前の「意識内容」とはどのようなものなのでしょうか？　たとえば「集団的自衛権」といった概念について、言語を使わずに意識することはおそらく不可能でしょう。ものごとを考えるためには、事柄を分析し、分節化しなくてはなりません（たとえば「侵略」と「自衛」を区別し、「個別的」と「集団的」を区別する）。そしてそのためには、言語を用いなくてはならないはずです。つまり、**私たちは世界を言語によって分節化している**のです。

このように、私たちは言語を通して思考しています。というわけで、ものごとを根源的に探求する学問たる哲学は、まずは言語の根本的性格について探究することになったのです。これが言語論的転回です。

回ウィトゲンシュタインとは？

ルートヴィヒ・ウィトゲンシュタイン（1889－1951）（図48）は、ウィーン屈指の大富豪の家に生まれた哲学者です。本人によると、ウィトゲンシュタイン邸にはグランド・ピアノが7台もあったらしく、ブラームスやマーラー、リヒャルト・シュトラウスといった大作曲家が出入りする芸術家のサロンでもあったようです。ウィトゲンシュタインはやはり20世紀を代表する哲学者ハイデッガー、それにあのヒトラーとも同い年で、ヒトラーとは同じ学校で学んでいたこともあります。

ウィトゲンシュタインは8人兄弟の末っ子でしたが、兄のうち3人が自殺しており、憂愁（ゆうしゅう）に満ちた性格で、本人も自殺を何度も考えたようです。いったん考え込み始めると、講義中であろうと学生たちの前で何分間も黙り込んで思考に没頭したと伝えられるなど、まさしく

図48　ルートヴィヒ・ウィトゲンシュタイン

真の哲学者と言える人物であったと伝えられます。ケンブリッジ大学での師となったバートランド・ラッセルは、ウィトゲンシュタインとは意見の対立も多かったようですが、その才能は全面的に認め、ウィトゲンシュタインの来訪を、冗談めかして「神が来た」などと言ったりしています。

回 前期哲学──語り得ぬものについては沈黙しなくてはならない

さて、ウィトゲンシュタインの思想内容に入るとしましょう。

彼が生前に刊行した哲学書はただ1冊、それが第一次世界大戦中に塹壕のなかで書き上げられたなかば伝説的な著作である『**論理哲学論考**』（以下『論考』）です。

哲学書と言えば、多くの人は文学作品に近いイメージをもっているかもしれません。たしかにそうしたものも多いのですが、ウィトゲンシュタインの『論考』はまったく違います。『論考』は、文学的でないどころか、論文のスタイルですらなく、ほとんどレジュメのような、贅肉(ぜいにく)をいっさい削ぎ落とした命題の羅列になっているのです。しかもそのすべての文（命題）は1から順に整然とナンバリングされているという**異様な体裁**です。

骨格となる命題は以下のとおりです（以下、引用は岩波文庫、野矢茂樹訳）。

1　世界は成立していることがらの総体である。
2　成立していることがら、すなわち事実とは、諸事態の成立である。
3　事実の論理像が思考である。
4　思考とは有意味な命題である。
5　命題は要素命題の真理関数である。
6　真理関数一般はこうである。[p、ξ、N(ξ)]
7　語りえぬものについては、沈黙しなくてはならない。

これですべてです。そしてこの七つの各命題を詳しく展開した書が『論考』なのです。ウィトゲンシュタインはこの内容に絶対的な自信をもっていたようで、以上の議論によって**哲学の問題は余すところなく解決した**と宣言します。これは決して虚勢ではありませんでした。ウィトゲンシュタインはきわめて非妥協的な性格でしたから、哲学の問題を本当に真剣に考え尽くし、そしていっさいを解決できたと判断したのです。事実、彼はこれによって哲学をやめてしまい、修道院の庭師となり、次いで小学校の教師になりました。

では、ウィトゲンシュタインは『論考』で何を明らかにしたのでしょうか。

『論考』の課題は**思考の明晰化**(めいせき)であり、**言語の限界を確定する**ことです。

どういうことかと言いますと、第13章のパースのところでも触れましたが、哲学の世界では深遠そうに見えるがじつはまったくのナンセンスという議論がしばしば見られます。こうしたものを排除し、曖昧な議論を論理的に厳密なものへと置き換えるべきだというのです。そしてウィトゲンシュタインによると、この作業は**言語の限界**を確定する作業であるとされます。

では、「言語の限界を確定する」とはどういうことでしょうか？

じつは、これと似たことを**カント**がすでに行なっています。カントは大著『純粋理性批判』において、「**認識の限界**」を確定するという作業を行なったのです。カント以前の哲学では、神とか霊魂といったものについて、ああでもないこうでもないと論じられていたわけですが、カントはそうした議論を、理性によっては認識できない世界について語ろうとする越権行為だと批判しました。「ニュートリノに重さがあるかどうか」とか「冷蔵庫のなかにビールがあるかどうか」といった問題であれば、観察や実験によって客観的な答えが発見されます。ところが「神が存在するかどうか」といった問題になると、これは科学によってではなく、信仰によって答えを出すほかありません。こうしてカントは、理性によって認識できるものとそうでないものをはっきりさせ、認識の限界を確定させるべきだと説いたのです。

「言語の限界」についてのウィトゲンシュタインの議論は、これとそっくりです。つまり彼は、カントが認識論において行なった仕事を言語哲学において遂行したのです。

そして、**言語によって語りうる世界については可能な限り明晰に語るべき**であり、言語によって語り得ない世界については、無駄口を叩くのではなく、沈黙を守るべきだと言うのです（図49）。

では、言語で語りうる世界とはどのような世界なのでしょうか？

結論から言うと、**有意味な命題によって表現できる世界**です。そして「有意味な命題」とは、事実と対応関係のある命題、たとえば「冷蔵庫には冷えたビールがある」などです。もし実際に冷えたビールが冷蔵庫にあるならばこの命題は正しく、なければ誤っている、ということになります。要するに事実と照らし合わせることで真偽の判定できる命題が有意味な命題なのです。

これに対して、事実に照らし合わせて真偽を確定できない命題というものもたくさんあります。

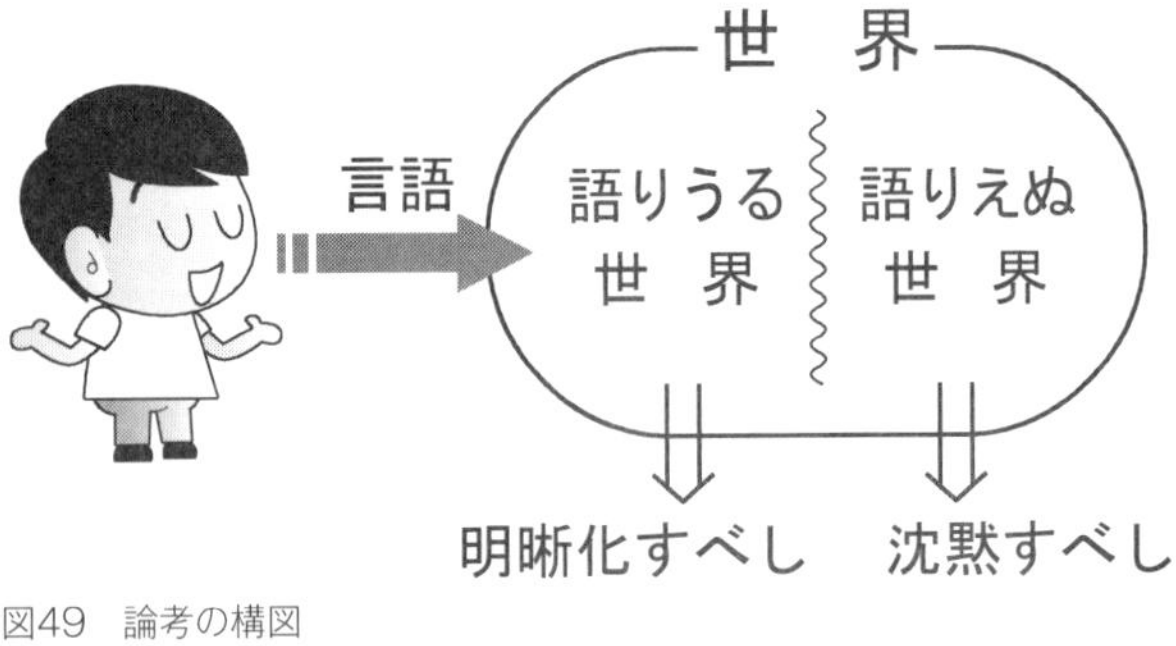

図49　論考の構図

たとえば、「ドイツの首相は男性もしくは女性である」。これは正しい命題です。たしかに正しいのですが、これは事実と照合するまでもなく正しい（実際の首相が男性であっても女性であっても正しい）のであって、事実とは無関係に成立してしまっています。

こうした命題のことを、ウィトゲンシュタインは「**トートロジー**（同語反復）」と呼んでいます。トートロジーな命題は、真偽がわからないことが問題なのではありません。**事実とは無関係につねに正しいことが問題**なのです。

もう一つ、「イエスは処刑され、かつ生きている」といった命題も問題です。言うまでもなくキリスト教の見地では、これは正しいということになるでしょう。イエスは神の子であって生物学の法則を超越しているとか、キリスト者の心のなかに生きている、という具合に。でも論理学の見地からすれば、死んでいると同時に生きているということは絶対にあり得ません。

こうしたタイプの命題は「**矛盾**」と呼ばれます。矛盾した

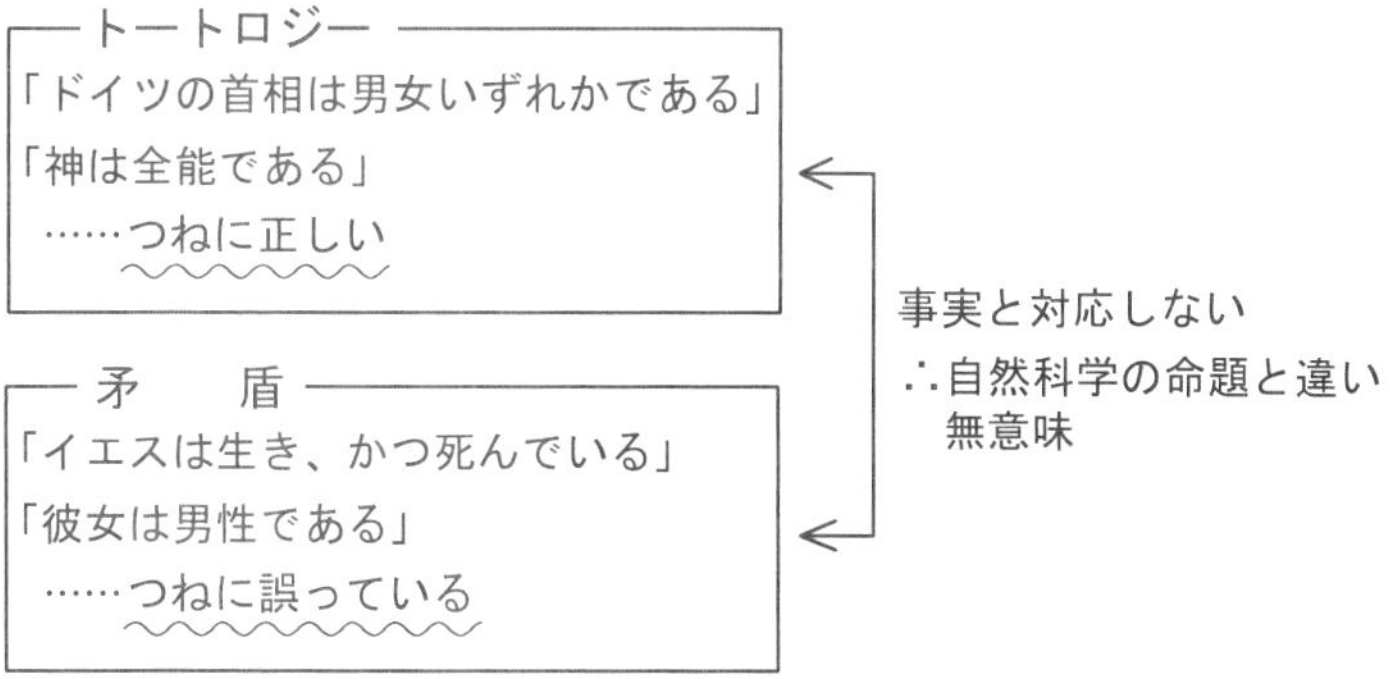

トートロジー
「ドイツの首相は男女いずれかである」
「神は全能である」
……つねに正しい

矛　盾
「イエスは生き、かつ死んでいる」
「彼女は男性である」
……つねに誤っている

事実と対応しない
∴自然科学の命題と違い無意味

図50　語り得ぬ世界

命題は、事実と照合するまでもなく、**事実と無関係につねに誤っています**。

というわけで、**トートロジーおよび矛盾を含む命題は無意味**だとされます。これらは一見すると有意味な命題ですが、事実と対応関係をもちませんから（図50）。

これに対して自然科学の命題は、事実との対応関係によって真偽が明らかにされますから、有意味です。つまりウィトゲンシュタインは、**言葉で語りうる世界は自然科学の世界だけ**だと言っているのです。

ここで話が終われば、「なるほど」と思う人が多いかもしれません。ウィトゲンシュタインは非科学的な議論をしりぞけ、純粋な科学を確立しようとしているのだな、と。実際にそのように考え、それに強い影響を受けた哲学者グループもありました（「**論理実証主義**」と呼ばれるグループです）。

ところが、まったく違うのです。

ウィトゲンシュタインはたしかに宗教など「非科学的」な議論を無意味なものとみなしました。ところが彼が無意味なものとみなすのは、そうしたものばかりではありません。最も厳密な意味で「正しい」と言えるはずの**数学や論理学なども無意味**だとされてしまうのです。

なぜでしょうか？　それらが完璧に正しいから、です。

たとえば〝1＋1＝2〟は絶対に真です。晴れの日も雨の日も、地球の終わりの日であっても真です。つまり、これは「ドイツの首相は男性もしくは女性である」と同様に、事実との対応関係をいっさいもたないトートロジーにほかなりません。**数学や論理学はすべて本質的にトートロジーなのです。そして先ほど見たとおり、ウィトゲンシュタインにおいては、こうしたトートロジー**な命題は、事実との対応関係をもたないがゆえに無意味であるとされるのです。というわけで、じつに驚くべき結論ですが、ウィトゲンシュタインによると、**数学も論理学も無意味**です。

そしてさらに驚くべきことに、ウィトゲンシュタインは、この驚くべき議論を展開している当の『論考』もまた、事実との対応関係をもたず絶対的に正しい議論であるがゆえに、無意味だと言い放ちます。

> 私を理解する人は、私の命題を通り抜け―その上に立ち―それを乗り越え、最後にそれがナンセンスであると気づく。そのようにして私の諸命題は解明を行う。（いわば、梯子をのぼりきった者は梯子を投げ捨てねばならない。）
>
> 私の諸命題を葬りさること。そのとき世界を正しく見るだろう。（6・54）
>
> （ウィトゲンシュタイン、前掲書）

『論考』は、思考と言語の限界についての探求の書でした。そしてその探求の果てに、ウィトゲンシュタインは、哲学一般、そして**『論考』すら無意味**だと宣言したのです。

回後期哲学——言語ゲーム論

ここまで見てきたように、前期のウィトゲンシュタインは、世界を写しとるものとして言葉を捉えてきました。こうした考え方を**写像理論**と言います。リンゴを指して「リンゴ」と言い、転倒した人を指して「彼は転んだ」と言う。こうしたものが正しい言葉だとされてきたのです。

でも、少し考えてみると、じっさいの言葉には、このように真偽を確定できるようなもの以外に様々なタイプのものがあることが、すぐにわかります。たとえば次のような例です。


「こら！　授業中に寝るな！」

「君の瞳は地球上の何よりも美しい」

「日本国民である本旅券の所持人を通路故障なく旅行させ、かつ、同人に必要な保護扶助を与えられるよう、関係の諸官に要請する」

「天皇陛下、万歳！」

「お疲れさまです」


以上のような多様な言明は、明らかに世界と1対1で対応しているものではなく、したがって真偽を語ることもできません。よって、『論考』の見地からは無意味なものということになります。けれどもそうすると、『論考』の写像理論は、じっさいに用いられている言葉の大半を説明できないということになってしまいます。これでは言語論としてあまりに貧弱だと言わざるを得ません。

『論考』を書き上げたあと、ウィトゲンシュタインはその結論（語り得ぬものについては、沈黙しなくてはならない）を実践するかのように10数年にわたり「沈黙」を続けましたが、ついに写像理論が根本的に間違っていたのではないかと考えるに至りました。

われわれはなめらかな氷の上に迷いこんでいて、そこでは摩擦がなく、したがって諸条件があるいみでは理想的なのだけれども、しかし、われわれはまさにそのために先へ進むことができない。われわれは先へ進みたいのだ。だから摩擦が必要なのだ。ザラザラした大地へ戻れ！

（ウィトゲンシュタイン著、藤本隆志訳「哲学探求」『ウィトゲンシュタイン全集8』大修館書店、98頁）

『論考』で検討した言語は矛盾のない理想的な言語だが、それは摩擦ゼロの平面のようなもので、日常生活で用いられる言語（ザラザラした大地）とはほど遠いものだった、という反省です。こうして彼は哲学を再開し、前期の立場（写像理論）を根本的に否定する新しい哲学を打ち立てたのです。これが後期の代表作『**哲学探求**』（以下、『探求』）で説かれた**言語ゲーム論**と呼ばれるものにほかなりません。


では「言語ゲーム」とはどのようなものなのでしょうか？

ひとことで言えば、言語ゲームとは、**一定の規則のもとで行なわれる人々の相互行為**のことです。『論考』では、言語は世界を写しとる記号とみなされていました。でも『探求』では、言語は単なる記号ではなく、記号を用いた行為だとみなされるのです。

「授業中に寝るな！」という言明は世界の事実を写しとったものではありません（真でも偽でもない）が、決してそれは無意味な言明ではありません。この言明には教員による生徒への「命令」「叱責」といった立派な（？）意味があります。このように、言語には世界の事実についての「記述」以外に、「命令」「懇願」「感嘆」「威圧」「要望」「祈禱（きとう）」などなど、無数の用法があるのです。こうした無数の意味をもつ言語を使用することで、人々はコミュニケーションをとっているのです。


では言語はどのようなときに有意味となるのでしょうか？　ずばり、**共同体のなかで成功裡（り）にコミュニケーションをとれたとき**、です。

たとえば手術室で外科医が助手に向かって「メス！」と言ったとすれば、これは何を意味するでしょうか。言うまでもなく、「メスを渡せ」という命令を意味しています。外科医がデタラメに声帯を動かしてみたところたまたま「メス」という音声が現れたわけではなく、メスについての深い思い入れを自分自身で再確認したわけでもありません。助手のほうもまた、「メスがどうかしましたか?」などと間の抜けた質問をすることなく、速やかにメスを手渡すことでしょう。外科医の発言の意味は、**文脈**から明らかなのです。

というわけで、**言葉の意味は文脈によって決定します**。「携帯!」という言葉には、「あなたの携帯電話が鳴っていますよ」「携帯電話をもっていくのを忘れるな」「まだ(スマホでなく)携帯を使っているの!?」など無数の意味があります。言語を習得するということは、このように多様な意味をもつ言語を適切な文脈で用い、それに即して振る舞う(たとえばメスを渡す)能力を身につけることなのです。そしてこうした人々の相互行為こそが、「言語ゲーム」にほかなりません。

なぜそれが「ゲーム」と呼ばれるかと言うと、**この相互行為の規則(ルール)が絶対的なものでない**からです。

たとえばサッカーの試合中に突然選手がボールを摑んでゴールに突進したら、もちろん反則(つまりルール違反)ということになります。でも子どもたちの遊びでは、必ずしもルール違反にはならないでしょう。一定の時間帯や特定の子(たとえば目が不自由な子)については手を使ってもいいといったローカル・ルールの成り立つ余地があるからです。子どもたちの世界では、大人のつくった厳格なルールなど、大した意味はありません。要するに面白ければいいわけで、むしろ遊びながら独自ルールをその都度形成している、というのが子どもの普通の姿でしょう。

また日本では、自動車は左側を走らなければなりませんが、アメリカでは右側を走らなければなりません。どちらを走ってもよいというのでは困ったことになりますが、いずれのルールが正しいということはありません。つまり**ルール自体は必要ですが、その内容は絶対的ではない**のです。

ウィトゲンシュタインは、言語もこれと同様だと言います。

「**正しい日本語**」という例で考えてみましょう。

たとえば「全然嬉しい」といった表現や、いわゆる「ら抜き言葉」などは正しくない日本語だと言われます。けれども、言葉は歴史的に変化するものです。私たちが用いている新仮名遣(づか)いも漢語も、本来の「やまとことば」からはかけ離れています。そもそも文法規則というものは、現に用いられている言葉を元にして、そのルールを抽出(ちゅうしゅつ)したものにすぎません。**文法規則が先にあって、そこから日常の言語がつくられたのではない**のです。

その意味では、現に用いられている日本語はすべて「正しい日本語」なのです。もちろん言語には一定の規則があります。「うふぃあおどくんじゃせっっゔぉら」といった表現

（？）はどう見ても正しくない日本語です。誰にも通じませんから。これに対して「食べれる」などの表現は、多くの日本語話者のあいだでごく自然な表現として流通しており、それを「正しくない」と言うべき根拠はどこにもないのです。

このように、多分に恣意的な規則に従いつつ営まれている言語的実践が、言語ゲームです。

さて、以上のような言語ゲーム論の見地に立つとき、いったい何が明らかになるのでしょうか？

写像理論の場合とは違い、もはや命題が写しとるべき**客観的事実は必要ありません**。したがって、たとえば牧師による「神の愛は永遠です」という言葉も、僧侶による「この世は無常です」という言葉も、これが科学的命題ではなく、宗教的文脈における言語ゲームであるということをわきまえれば、それぞれの教団の内部では真実の教えであるということを認めることができるようになります。こうして私たちは、「彼は人間じゃない」「人の命は地球よりも重い」「花好きに悪人はいない」といった、科学的には誤謬（ごびゅう）としか言いようのない命題も、十分に有意味なものであることを理解できるようになるのです。

回 まとめ

ウィトゲンシュタインは、言語ゲーム論を展開した『探求』のなかで、哲学の目的を「ハエにハエ取り壺（つぼ）からの出口を示してやること」（309節）だと述べています。

これまで哲学者たちは永遠の真理を探究してきたのですが、後期ウィトゲンシュタインの見地からすれば、それは無益な試みでしかありません。「今日は快晴だ」「核兵器は廃絶しなくてはならない」「被告人は斬首刑に値する」といった性格の大きく異なる命題に関して、それらが正しいかどうかについて決着をつけることのできる**「究極の真理」はどこにも存在しない**のです。気象学や国際政治学や宗教その他の言語ゲームの内部においてのみ真偽が語られることでしょう。

この議論はまた、哲学が真理についての何か特権的なことを語れる学問であるのかという点についても、決定的な異議を突きつけるものであります。哲学もまた一つの言語ゲームにすぎないのですから。かくして**ウィトゲンシュタインの議論は、哲学という人間の営みのもつ意義についてまで相対化してしまった**のです。

◎20世紀に入り、哲学的主題の中心は、認識から言語へと移行した。
◎前期ウィトゲンシュタインは言語の限界を探り、あらゆる哲学が無意味であると結論づけた。
◎後期ウィトゲンシュタインは、あらゆる言語行為が客観的正しさと無関係のゲームであると論じた。

第15章 真理とは権力である【フーコー】

みなさんは、「**権力**」という言葉からどのようなものをイメージしますか？　朝鮮労働党の総書記みたいな人でしょうか。それとも巨大企業グループの総裁のような人でしょうか。あるいは反政府運動を制圧する武装警察など？

たしかにこれらは権力です。

古典的定義によると、権力とは**相手に望まない行為を強いる力**を意味しています。先に挙げたのは、明らかにそうした権力をもつ人々でしょう。いずれも逆らうとひどい目にあいますから（おそらく）。でも、現代ではこのように権力を人格や職権と関連づけるだけでは不十分でないかという考え方が強まっています。

たしかにこうした伝統的なタイプの権力は、いまでも機能しています。でも成熟した民主社会では、そうしたわかりやすい目に見える権力のほかに、**目に見えない権力が作用している**、そしてそれがますます強力になっている、という議論があるのです。

こうした新しい権力論をつくり上げたのが、20世紀フランスの哲学者ミシェル・フーコーです。本章では、フーコーの権力論を通して、私たちの社会を息苦しくしているものの正体について考えてみましょう。

回 正常と異常

ミシェル・フーコー（1926－84）（図51）はフランスで外科医の長男として生まれた哲学者です。青年期にナチスによるフランス占領を経験し、学生時代には共産党に所属したこともあったようです。アカデミズムでのキャリアは華々しく、パリ大学の教授職などを経て、フランスのアカデミズムの頂点であるコレージュ・ド・フランスの教授にまでのぼりつめました。

しかしフーコーは同性愛者としての疎外感を生涯抱き続け（少なくとも2度自殺未遂事件を起こしています）、その関心は**マイノリティを抑圧する社会の構造**に向かっていきました。つまり、「正常者」が「異常者」を見下し、抑

図51　ミシェル・フーコー（©amanaimages）

圧し、排除する強固な構造を徹底的に暴露することがフーコーの課題だったのです。彼は、西洋近代が自明のものとして受け入れてきた「**理性**」や「**主体性**」といった概念について、有名無名の膨大な文献資料をもとに、「考古学」的手法により、その歴史的な起源を暴き、それが歴史のなかで解体されていくべきものであると論じました。

さて、いま「異常者」という表現を使いましたが、いったい「異常」とは何でしょうか？　もちろん「正常」の反対です。でも、いったいどのようなものが「異常」で、どのようなものが「正常」なのでしょうか？

その例として、「**異常気象**」という言葉が使われる場面を考えてみましょう。

「近年では、異常気象により突発的なゲリラ豪雨や竜巻などが増えている」

「最近の夏の暑さはどう考えても異常だよね。以前はもう少しマシだったのに」

要は、例年と気象状況が大きく異なっているのが異常気象というわけです。でも、これだけ毎年「異常気象」と言われ続けると、いったい何が「正常」なのかという疑問も浮かんできます。そもそも「今年は正常気象です」などという言い方は聞いたこともありません。

もし日本の夏がバグダッドやドーハのように毎年40℃を超えるようになるとすれば（想像したくもありませんが）、40℃を超えてはじめて「これぞ（正常な）日本の夏」などと言われ、逆に35℃までしか上がらない年には、「（異常な）冷夏」と言われるようになるかもしれません。

つまり、**何が「正常」で何が「異常」かは、決して自明ではない**のです。

同性愛をめぐって

例として、フーコー自身も「異常者」のカテゴリーに入れられていた同性愛の問題について考えてみましょう。

日本でも、同性愛者には「オカマ」「ホモ」といったなかば差別的・侮蔑的な表現が使われてきました。けれども国際的に見ると、日本は同性愛に対して歴史的にも比較的寛容な国であったと言えるでしょう。驚くことに、同性愛を犯罪行為と位置づけている国も多く（80か国以上）、イランやサウジアラビアなどでは、同性愛はなんと死刑の対象となる重罪とされています。

もちろん日本よりはるかに寛容な社会もあります。プラトンの対話篇などでは、同性愛とくに少年愛が崇高なものとして描写されていますし、いま欧米では同性婚を合法化する動きが急速に進んでいます。オランダ、スウェーデン、カナダなどでは法的な婚姻手続きが可能となっており、２０１５年にはアメリカの連邦最高裁でも同性婚を禁じる州法は憲法違反だという判決を下して大きな話題を呼びました。**いまや同性婚の容認は世界的な流れになっているのです。**

日本でも、最近では、レズビアン、ゲイ、バイセクシュアル（両性愛者）、トランスジェンダー（心身の性の不一致）の頭文字をとったLGBTという概念が市民権を得つつあり、職場や学校現場での対応が求められるようになっています。

性的な意味での「正常」と「異常」というモノサシは、歴史的・地域的に形成された文化の所産でしかないということがおわかりいただけるでしょう。

回 理性と狂気

さて、同性愛が「異常」なものであるという見方が恣意的であるということを見てきましたが、「狂気」という概念についても、フーコーは基本的にこれと同様に考えます。

狂気とは、漠然と「狂人」のなかに宿っている何か（脳機能の「異常」？）であると見られてきましたが、フーコーによると、そうした見方にはまったく根拠がありません。**狂気とは、社会の多数派が自分たちと異なる人々に貼りつけたレッテルにすぎない**のです。

しばしば「狂人と天才は紙一重」などと言いますが、これはかなり事の本質を突いています。というのも、「狂人」と「天才」はいずれも社会の多数派が自分たちと異なる存在に貼りつけたレッテルでしかないからです。多数派の側が否定的に評価するか肯定的に評価するかという違いがあるだけなのです。つまり、**ある人物が天才であるか狂人であるかを決定するものは、その当人のなかにではなく、むしろ社会のほうにある**のです。

その点で示唆的なのは、「障害者」の概念です。

かつての常識では、障害者とは文字通り「障害」をもっている人にほかなりませんでした。でもこれは古い常識です。

たとえば事故により足が不自由になってしまった人を考えてみましょう。この人は「身体障害者」と呼ばれ、身体障害者手帳を交付されます。でも本当にこの人が「障害」をもっているのでしょうか？

当たり前ですが、私たち人間は誰も翼をもっておらず、大空を舞うことはできません。また透視能力も予知能力ももっていません。深海に潜行する能力も、百科事典を暗記する能力もありません。では、仮にそうした能力をもつスーパーマンたちだけが暮らす星があったとして、そこにもし私たちが突然迷い込んだらどうなるでしょうか。私たちはもはや「健常者」ではなく、「障害者」になってしまうに違いありません。

つまり、**同じ人であっても、暮らす場によって「健常者」であったり「障害者」であったりする**のです。

話はここで終わりません。もしかすると、スーパーマンたちの星では、私たちのような「障害者」が生活するのに困ることがないように、様々な仕組みを用意してくれているかもしれません。大空を舞うための補助装置を無償で貸出してくれるかもしれませんし、彼らにとっては不要なはずの階段やエレベーターを設置すること（バリアフリー化）により、私たちが「二級市民」ではなく、同じ尊厳ある存在として自分に誇りを感じることができるようにしてくれるかもしれません。

つまり障害の有無を決めるのは、社会のあり方なのです。障害は「障害者」のなかにあるのではなく、むしろ社会の側にあるのです（近年、「障害者」の表記を「障がい者」「障碍者」などに改めるケースが増えているのは、こうした事情が背景にあります）。

「狂人」についても、まったく同じことが言えます。

狂気は「狂人」がもっているものではありません。狂気は、多数派が理性の範囲を確定し、自分たちを「理性的」な存在として定義するプロセスで、自分たちと異なる存在に対して命名し、それを排除するために発明したレッテルにすぎないのです。これはかつての日本で「非国民」を生み出したのと同型のメカニズムです。

では、この「狂気」を生み出すメカニズムとは、どのようなものなのでしょうか？

回 生の権力

結論から言いますと、社会を分断し、マイノリティを「異常者」とラベリングして抑圧してしまうメカニズムは、「**生**（せい）**の権力**」と呼ばれるものです。

ここで本章冒頭の主題に戻ります。

かつての権力は、死の恐怖に訴えかけることによって人々を服従させるような権力でした。これはフーコーによって「**死の権力**」と呼ばれるもので、反逆者を文字どおりに八つ裂きにしてしまった古代中国の皇帝などがもっていた権力が、その典型です。

ところが近代市民社会では、人々はすべて生まれながらにして自由で平等な存在だというのが建前であり、古代社会に見られたような絶対的な権力者は例外化しています。**近代社会では、人々はフラットな存在となっている**のです。

では人々は自由に自己決定できるようになっているのかというと、そんなことはありません。近代社会でも人々を強制する権力は存在しますし、むしろ、**より洗練された強力な支配**が行なわれるようになっているのです。それこそが「生の権力」にほかなりません。

なぜフラットな関係のなかでそうした強制力が作動するのかというと、フラットな関係にある対等な**市民たちが能動的に規範を内面化し、それを自明のものとして再生産する**からです。

「規範を内面化」するとは、たとえば「人を殺してはいけない」といったルール（＝規範）が人々を縛るのではなく、人々自身がそれを妥当なものと認めるようになるということです。言うまでもなく、殺人を禁じる規範が内面化されているのは望ましいことと言っていいでしょう。ただ、人々が「主体的」で「道徳的」であると言われるときに起こっているのが、**自己を既成の規範に同一化しているにすぎない**という事実は、注目されなくてはなりません。

規範の中身が妥当なものであればよい（「人に親切であれ」など）のですが、これが「異教徒は殺せ」といった規範であれば、「道徳的」な人々によって恐ろしい悲劇が起こされてしまうことでしょう。そしてそれは現に起こっていることでもあるのです。しかも厄介なことに、先ほど確認したとおり、正しい規範を決定する超越的な視点はどこにもないのです。

そんなわけで、フーコーは**規範を自明のものとして、規範に従わない者を「異常者」として排除する姿勢の危険性**に警鐘を鳴らしているのです。

ともあれ、このように、人々に「正しい生き方」を示し、それを無意識的に実践できるように働きかける作用こそが生の権力にほかなりません。生の権力は、死の権力のように直接的な暴力によって人々を強要するわけではなく、人々自身が規範を内面化して実践する不可視の作用であるだけに、支配の度合いはより徹底しているのです。

回 パノプティコン

さて、生の権力はどこにあるのでしょうか？

生の権力は、具体的などこかに存在するわけではありません。また誰かがもつものでもありません。これは人々の日常的な実践によって再生産される一つのシステムです。この生の権力が作動する現場としてわかりやすい例をフーコーが挙げています。それは、ほかならぬフーコーの紹介によってとても有名になった**パノプティコン**です。

パノプティコンとは、「一望監視施設」とか「全展望監視システム」などと訳されるもので、19世紀初頭に功利主義の哲学者ジェレミー・ベンサムが発案した特殊な監獄です（図52）。図を見ていただきたいのですが、この監獄では、円形施設の中央に小窓のついた監視塔があり、周囲に独房が配置されています。

この施設の特徴は、**独房の囚人たちにとって、自分たちが一方的に見られているという構図がつくられる**点にあります。監視塔からはつねに周囲の独房を見渡すことができますが、独房からは監視人の様子が見えないので、結果的に24時間見られていると意識せざるを得ないのです。

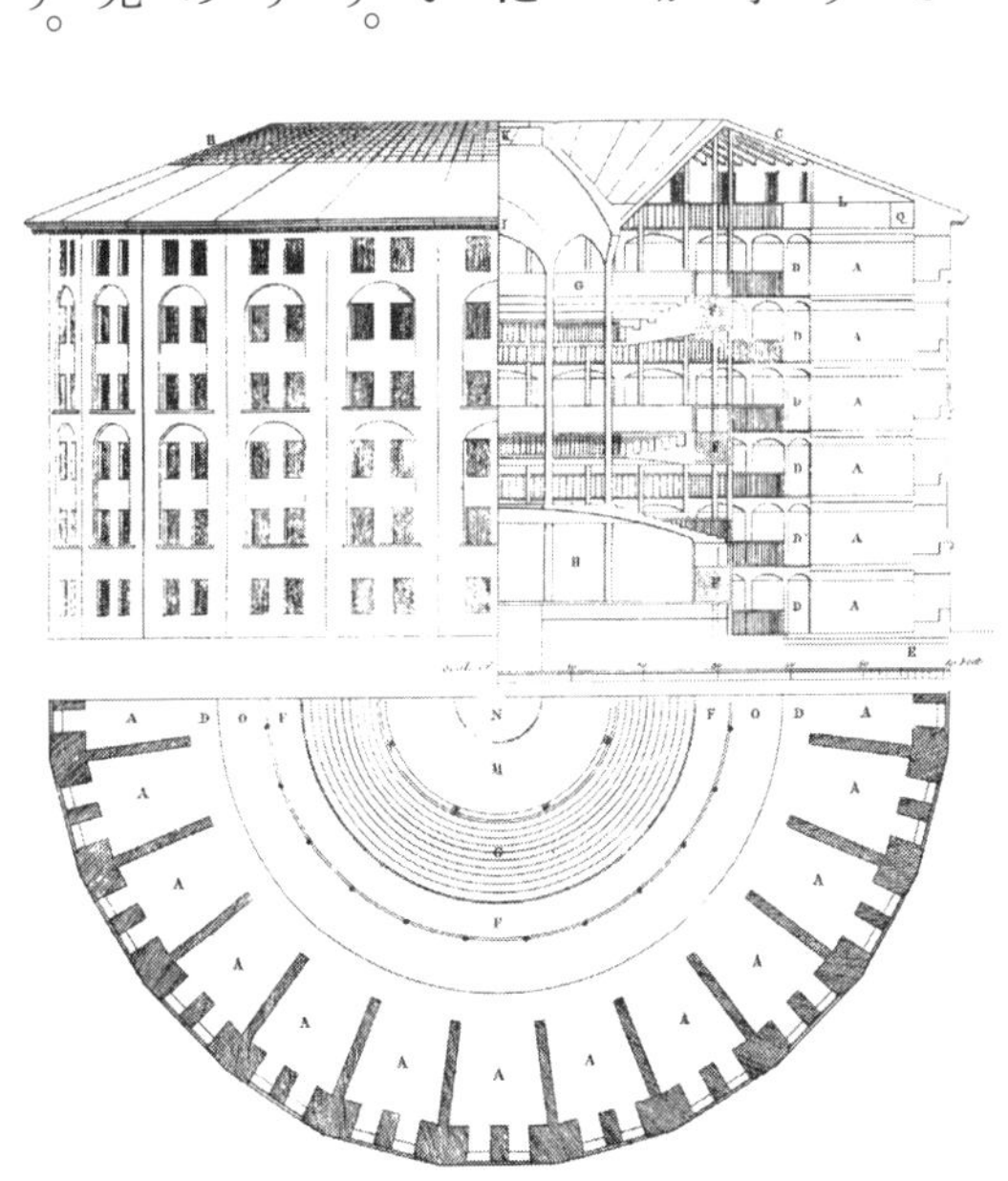

図52　パノプティコン

つまり今日の「監視カメラ」と同じ仕組みです。

さて、このパノプティコンにおいては、囚人たちは監視人の視線をつねに意識して行動するようになります。実際にその瞬間に監視されているかどうかはわかりませんが、囚人たちはそう想定せざるを得ないからです。したがって囚人たちは、つねに模範囚たろうと努めるようになります。つまり、監視人が棍棒などを振るわなくとも、囚人たちは自発的に監視人の望むとおりに振る舞うようになっていくのです。

フーコーによれば、まさにこうした囚人の姿こそが、近代的な主体と言われるものにほかなりません。すなわち、**自律的に内なる声に従って生きているとされるカント的な主体とは、既成の規範を内面化させる従順な囚人のような存在にすぎない**と言うのです。

回真理と権力

しかし、ではこうした強固な支配構造（生の権力）はどのように生成するのでしょうか？ 生の権力は人々の日常的な実践によって再生産されると言いましたが、なぜそうした再生産が起こるのでしょうか？

結論を言えば、この強固な構造は、**学校や監獄、精神病院**などの施設の力によって再生産されます。これに軍隊や工場、あるいは会社などを加えてもいいでしょう。これらに共通するのは、社会的な規範、あるいは常識、作法といったもの、要するに「正しさ」全般を教え込み、それを身につけさせる機関であるという点です。

近代以降には社会が著しく複雑化するなかで、人々はその複雑な社会における「正しさ」を身につけるための高度な訓練が求められるようになっていきました。行儀作法や礼儀作法における正しさや、数学や歴史などの学問的な正しさを身につけなくては、社会の「正常」なメンバーとして認められないからです。そしてそのために最も大きな役割を果たすのが学校というわけです。

人々は学校において道徳的・学問的な「真理」を学び、それらの真理に忠実な存在へと規格化されていきます。もちろん、なかにはそれらの真理の体系に従順でない「不良」も出てきますが、どうしても矯正(きょうせい)できないようなら、彼らは「規格外」の製品として、社会から排除されることになるでしょう。ちょうど工場において規格に合わない不良品が製品として出荷されないのと同じように。**学校は、人間を正しい製品へと規格化するための工場**なのです。

以上のように、真理が社会的な規範の体系を意味するとなれば、規範を人々に内面化する生の権力が真理と密接に結びついているのは明らかです。真理とは人々がこれぞ正しいものと認める規範の体系にほかならず、そしてそうした真理を人々が無批判に受け入れ、再生産するところに生の権力が成立します。つまり、真理とは権力なのです。

古典的な死の権力とは違い、近代以降の生の権力にあっては、支配は人々の意識レベルにまで浸透します。人々がそれを権力と感じないようになるほどに内面化された不可視の権力が、今日の権力にほかなりません。

回まとめ

18世紀のカントにおいて完成した**理性的で主体的な人間**というイメージは、19世紀になると、次第に突き崩されていきます。まずマルクスが人間の精神は経済的土台に規定されると指摘し、次にニーチェとフロイトが、人間が欲望に突き動かされる存在であるということを指摘しました。

そしてこのアンチ・ヒューマニズムの動きは、20世紀に登場したフーコーによって完成されることになります。かつてニーチェは「神の死」を宣言しましたが、フーコーは、主著『言葉と物』の末尾で「**人間の死**」という有名な考え方を提示しています。

賭けてもいい、人間は波打ちぎわの砂の表情のように消滅するであろう。

（ミシェル・フーコー著、渡辺一民・佐々木明訳『言葉と物』新潮社、409頁）

西洋近代哲学がつくり上げた理性的で主体的な人間像というものが、時代の所産にすぎなかったと言うのです。

フーコーは膨大な文献を引用しながら自説を展開しましたが、少なくない歴史家たちが、フーコーの主張（狂気の概念が17世紀頃に誕生した、など）には、実証的な根拠という点で問題が多いと批判しています。

こうした批判の当否については、ここでは脇に置いておきましょう。ただ、フーコーの鮮（あざ）やかな議論によって、抑圧され苦しめられてきた人たちが勇気づけられ、自分たちの言葉を語れるようになったことは疑いありません。この功績だけでも、フーコーの偉大さは特筆に値すると思われます。

◎理性的で主体的な存在という近代的人間観を、フーコーは徹底的に批判した。
◎現代社会における真理とは、人々を規格化するための不可視の権力である。

おわりに

「はじめに」にも書いたとおり、私は大学受験予備校で教えています。そこで求められるのは、受験生たちが入試で得点できるように指導することです。したがって、過去の入試問題を研究し、その傾向に対応して、必要な知識と理解を身につけさせることが、私の職務ということになります。特定の「思想」へと導くようなことは求められておらず、そうしたことはしてこなかったつもりです。

けれども、単に入試で点をとるために哲学や思想を学ぶというのは、あまりにもったいない話です。思想史をつくってきた偉大な哲人たちが生涯をかけて考え抜いてきた思想に、ひとりの人間として人生を生きる大きなヒントが詰まっているはずなのです。またそれを学ぶことは社会の様々な問題についての見識を広げ、深める大きなきっかけにもなるはずです。そんな思いを込めながら、私は予備校で教えてきました。ささやかではありますが、本書もまた、そうした思いを込めて執筆したものです。

最後に、本書の出版に当たってご尽力くださったベレ出版の森岳人さん、どうもありがとうございました。

おわりに

著者紹介

村中 和之（むらなか かずゆき）

駿台予備学校講師。

1973年生まれ。大阪府出身。一橋大学大学院社会学研究科博士後期課程単位修得退学。法学、文学（哲学）、社会学の各学位を持ち、憲法学、政治学、哲学、政治思想史、経済理論を幅広く研究。現在、駿台予備学校など首都圏の大学受験予備校で、「倫理」「政治・経済」「現代社会」「倫理、政治・経済」の各講座で受験指導しているほか、映像講座「駿台サテネット21」で「倫理、政治・経済センター試験対策」の講座も担当している。

著書に、『センター試験　現代社会の点数が面白いほどとれる本』『センター試験 倫理の点数が面白いほどとれる本』『日本の大問題が見えてくる　ディープな政治・経済』『経済のニュースが面白いほどスッキリわかる本』（いずれもKADOKAWA）などがある。

哲学とクラシック音楽とアクション映画と家族を愛している。

学びなおすと倫理はおもしろい

2017年3月25日　初版発行

著者	村中 和之（むらなか かずゆき）
装丁・本文組版	常松 靖史［TUNE］
イラスト	いのうえもえ
発行者	内田 真介
発行・発売	ベレ出版 〒162-0832　東京都新宿区岩戸町12　レベッカビル TEL.03-5225-4790 Fax.03-5225-4795 ホームページ　http://www.beret.co.jp
印刷	株式会社文昇堂
製本	根本製本株式会社

ISBN978-4-86064-505-2 C0010　　編集担当　森 岳人